Sandra Limoncini
Bambini sind Balsamico für die Seele

PIPER

Zu diesem Buch

Urlaubende Eltern kennen das: Während der heulende Max unter Verweis auf die »Schlafroutine« ins Bett gesteckt wird, tummelt sich Klein-Massimo noch bis spätnachts auf der Piazza. Dabei könnte es so einfach sein, findet Sandra Limoncini und zeigt, dass etwas mehr Gelassenheit unsere Kinder glücklicher macht als zwanghafte Frühförderung oder Pädagogikstress. Aber: Dieses Buch ist auf keinen Fall ein Ratgeber. Und falls der Autorin tatsächlich an der einen oder anderen Stelle ein klitzekleiner Rat rausrutscht, dann versehentlich. Auf keinen Fall befolgen! Machen die Italiener auch so.

Sandra Limoncini ist eine deutsche Italienerin mit einer Schwäche für rheinischen Sauerbraten. Sie schummelt beim Spielen, fährt heimlich über rote Ampeln und heult vor Rührung bei Siegerehrungen. Die zweifache Mutter und Journalistin weiß, wie es ist, wenn Makkaroni auf Currywurst trifft, und findet, dass wir Deutschen ruhig eine Portion Dolce Vita in unser Leben lassen könnten. Vor allem, wenn es um unsere Kinder geht.

Sandra Limoncini

BAMBINI SIND BALSAMICO FÜR DIE SEELE

Meine deutsch-italienische Familie

Piper München Zürich

Mehr über unsere Autoren und Bücher:
www.piper.de

MIX
Papier aus verantwortungsvollen Quellen
FSC® C083411
FSC
www.fsc.org

Ungekürzte Taschenbuchausgabe
Oktober 2013

Umschlaggestaltung: Mediabureau Di Stefano, Berlin
Umschlagabbildung: Studio Nazario Graziano
Satz: Nadine Thiel | kreativsatz, Baldham
Gesetzt aus der Scala
Papier: Munken Print von Arctic Paper Munkedals AB, Schweden
Druck und Bindung: CPI – Clausen & Bosse, Leck
Printed in Germany ISBN 978-3-492-30392-7

Per Emma Iaciofano, mia nonna

VORWORT

von Jan Weiler

In schweren Stunden träume ich von einem Leben als preußischer Vater ganz alter Schule. Ich möchte dann natürlich keine Schlägertype mit Rohrstock und Uniform sein, aber schon eine Respektsperson. Dann salutieren die Kinder, singen morgens ein munteres Lied und reden mich mit »Herr Papa« an. Sie gehorchen mit einer geradezu dämlichen Fröhlichkeit. Und auch meine Gattin hat keinen Anlass für trüben Revanchismus gegenüber ihrem Mann, denn ich bin gerecht und freundlich, da alle machen, was ich sage. Ich bin der Boss. Und ja: Ich gebe zu, dass die Emanzipation der Frau in diesen Träumen keine Rolle spielt. Aber alternative Schulformen spielen auch keine Rolle. Und Elektromobilität ebenfalls nicht, obwohl ich diese drei Errungenschaften normalerweise für epochal halte und mit Löwenmut für sie eintrete. Wie kann es also zu dieser erschreckenden Regression meiner Persönlichkeit kommen, die ich übrigens bedauere und für die ich mich bei sämtlichen modernen Frauen, Müttern und Preußen mit aufrichtigem Bedauern entschuldige?

Es ist ganz einfach: Manchmal wird mir das hier alles zu viel. Zu bunt, zu laut. Dann quatschen alle durcheinander, die Kinder bleiben länger auf als ich, und es werden zu viele Kohlehydrate verzehrt. Die letzten drei

Ereignisse haben allesamt damit zu tun, dass meine Gattin – deren Buch Sie gerade in den Händen halten – Italienerin ist. Sie ist auch eine halbe Deutsche, besitzt beide Pässe, und in ihrem Genpool planschen alle Eigenschaften herum, die man den beiden Nationen als identitätsbildend zuschreibt. Das ist faszinierend, auch weil man nie genau weiß, welche Seite in meiner Frau im nächsten Moment die Oberhand erhält. Sie findet es richtig, dass wir den Müll trennen. Aber diese bürgerliche und sehr deutsche Einsicht hält sie nicht davon ab, im Stau auf dem Standstreifen zu überholen. Sie isst für ihr Leben gerne Pasta, bereitet aber auch ausgezeichnete Rinderrouladen zu. Sie möchte, dass im Kino alle außer George Clooney die Klappe halten, weil es unhöflich ist, wenn Zuschauer die ganze Zeit quatschen. Aber wenn George Clooney einmal in die Verlegenheit geriete, mit ihr kontrovers zu diskutieren, käme er sicher nicht zu Wort. Genau wie ich.

Diese Unwägbarkeiten machen meinen Alltag sehr spannend. Und die Kindererziehung auch. Mir kommt es manchmal so vor, als gäbe es bei uns keine Regeln. Aber das stimmt nicht. Natürlich gibt es die: Die Kinder sollen anständig sein – und ordentlich über die Stränge schlagen. Sie möchten bitte fleißig üben – aber nur, wenn sie Lust dazu haben. Sie müssen ihr Geld beisammenhalten, damit sie es anschließend für völligen Unsinn ausgeben dürfen. Sie sollen gefälligst freundlich mit anderen Kindern umgehen, sich aber nichts gefallen lassen. Wir erwarten von ihnen, dass sie auf uns hören, aber Duckmäuser sollen sie nicht werden. Das klingt furchtbar anstrengend, und das ist es manchmal auch, denn natürlich ergeben sich im Alltag haufenweise Widersprüche. Bei uns wird deshalb mehr geredet und verhandelt und diskutiert als in der UNO-Vollversammlung. Dabei hätte ich oft gerne einfach Ruhe. Stille. Totale Abwesenheit von Geräuschen jeglicher Art. Aber dafür hätte ich vielleicht eine Pfarrerstochter aus dem Sauerland heiraten müssen.

Ich lebe also in Anbetracht dieser Alternative damit, dass die beiden einzigen kontemplativ orientierten Bewohner unseres Hauses – außer mir zählt in dieser Kategorie noch ein eingestaubter Kaktus von zwergenhafter Gestalt – wenig Aussicht haben, Ruhe oder wenigstens Bedachtsamkeit als Kulturtechniken des Zusammenlebens durchzusetzen. Und weil das so ist und mir ohnehin niemand zuhört (außer, ich kaufe mir ein Megafon), hat meine Frau weite Teile der Kindererziehung übernommen. Sie rührt dabei die besten Zutaten ihrer deutschen Sozialisation mit den allerbesten italienischen Glücks-Ingredienzen zu einer faszinierenden Minestrone-Pädagogik zusammen. Davon und von den vielen Vorteilen, die das hat, handelt dieses Buch.

Nur manchmal wird mir das, wie gesagt, zu viel. Dann träume ich davon, ein preußischer Vater der ganz alten Schule zu sein. Aber das geht schnell vorüber.

ICH HABE EINE EINLADUNG. Zu einem sogenannten »Hausfrauen-Frühstück«. Die Kinder wurden erfolgreich in die Schule oder den Kindergarten abgeschoben, und Mutti kann sich endlich entspannen. Am besten mit ihren Freundinnen, Nachbarinnen, anderen Müttern, um über Windelcremes, Inhalte aus der aktuellen »Bunten« oder andere weltbewegende Dinge zu sprechen.

Der Tisch ist gedeckt, der Latte Macchiato fertig, und die Semmeln duften.

Ich bin zum ersten Mal bei solch einem Event dabei. Bisher konnte ich Einladungsversuche mit dem Verweis auf meinen Job immer abwehren. Oder eines der Kinder war erkältet. Oder das Auto kaputt. Diesmal aber musste ich mit. Meine beste Freundin, Alessandra, Italienerin aus Neapel und die beste Schuldeneintreiberin, die ich kenne, hatte noch etwas gut bei mir. Ich Rindvieh habe sie einmal gebeten, meinen Vater, der bei mir zu Besuch war, eine Stunde zu bespaßen, beziehungsweise abzulenken, weil ich zum italienischen Konsulat nach München musste und meinen Vater auf keinen Fall mitnehmen wollte. Wenn ich dort mit meinem Vater auftauche, kann ich mir auch gleich einen Schlafsack und eine Isomatte mitnehmen, weil er sich mit allen unterhalten will und ich unter zwölf Stunden dort nicht wieder herauskomme.

Da saß ich also, unter top gelaunten jungen Müttern und wurde freundlich ausgefragt, wie viele Kinder etc., was mein Mann beruflich usw. und woher der so schön klingende Nachname denn komme?

Nachdem sich alle genügend beschnuppert hatten, legten die Damen auch schon mit der ersten Diskussion los, über Kinder, deren Erziehung, was sie essen sollten, welche Bücher man bräuchte, um mehr über dieses oder jenes Thema zu erfahren.

Als ich anmerkte, ich hätte so einen Ratgeber noch nie zu Ende gelesen, wurde es merklich leiser um mich herum. Ich erklärte, über drei Seiten sei ich einfach nicht hinausgekommen. Da erstarb das Gespräch völlig. Es fehlte nur noch die entsprechende Musik, die immer bei Duellen im Western gespielt wird, oder dass ein Tumbleweed durch das Esszimmer rollte. Ich sah zu Alessandra hinüber, die sich offenbar gerade überlegte, ob wir jetzt besser unter einem hastig gemurmelten Vorwand die Party verlassen sollten. Aber sie blieb tapfer sitzen. Also wurde ich von den belesenen Damen belehrt, es gäbe »suuuuper« Bücher zum Thema Durchschlafen durch Ferberisieren, Sauberwerden, außerdem über die Schwierigkeiten von Erstgeborenen, wie man trotz zweier Kinder seine Beziehung rettet, worauf man achten muss, wenn man einen Hund hat und danach erst ein Kind bekommt. An diesem Punkt stieg ich gedanklich aus dem Gespräch aus.

Alessandra sagte, dass niemand in Neapel derartige Bücher lese. Es gebe dort in den Buchläden gar nicht so viele Ratgeber. Das sei in Deutschland ganz anders, berichtete sie.

»Wenn man bei Amazon ›Erziehung‹ eingibt, erscheinen haufenweise Fibeln über Welpen-, Hunde- und Kindererziehung.« Sie habe sich daher schon gefragt, ob Welpen- und Kindererziehung in Deutschland dasselbe ist. Könnte man die Tipps, die in Hundeerziehungsratgebern stehen, einfach übernehmen und auf Kinder anwenden?

Da könnte etwas dran sein. Sehen Sie mal:

»Konsequenz bedeutet, sich stets an die gleichen Regeln zu halten. Aber es bedeutet vor allem, von einem Kind nichts zu fordern, was man nicht durchsetzen kann oder will, da man ansonsten automatisch inkonsequent verfährt.«

»Situativ konsequent sein heißt, sich in ähnlichen Situationen ähnlich verhalten. Ein Hund muss wissen, was erlaubt ist und was nicht, und er muss davon ausgehen können, dass diese Regeln auch morgen gelten. Wer heute eine Verhaltensweise seines Hundes nicht akzeptiert, darf sie auch morgen nicht akzeptieren. Das Gleiche gilt für den umgekehrten Fall: Wer eine bestimmte Verhaltensweise am Montag toleriert oder gar lobend anerkennt, der verunsichert seinen Hund, wenn er sich von demselben Verhalten am Mittwoch aus der Fassung bringen lässt. Versuchen Sie, so berechenbar wie möglich zu sein.«

Bei diesen beiden Zitaten habe ich die Worte »Kind« und »Hund« miteinander vertauscht. Fällt doch nicht weiter auf. Das erste Zitat stammt aus einem Buch über Hundeerziehung, das zweite aus einem Elternratgeber zum Thema »Konsequenz«. Komisch, oder?

Die Gastgeberin des Hausfrauen-Frühstücks räumte zum Glück irgendwann die lustigen Motivservietten beiseite und verabschiedete alle Gäste mit folgenden Worten: »Wir sehen uns ja dann«, in meine Richtung nuschelte sie: »War nett dich kennenzulernen.« Ich glaube, wir werden keine sehr engen Freundinnen.

Die bedauernden Blicke der ferberisierenden Mütter brachten mich dazu, meine Mutter anzurufen. Sie ist Deutsche, genauer gesagt Rheinländerin, und hat drei Kinder großgezogen – vier, wenn man meinen Vater mitrechnet. Sie erzählte, sie habe sich über Erziehung nie irgendwelche Gedanken gemacht. Dazu habe sie auch schlicht und einfach keine Zeit gehabt. Außerdem sei sie jetzt über vierzig Jahre mit einem Italiener verheiratet, das färbe ab.

Probleme zwischen mir und meinen Eltern gab es eigentlich nur, wenn mein Vater seine strengen und sehr traditionellen Maßstäbe anlegen wollte, besonders in Bezug auf mein jugendliches Partyleben. War er jahrelang ein Vater, der uns an der langen Leine unsere Freiheit ausleben ließ, endete diese in dem Moment, als die ersten pickeligen Jungs mit ihren Mofas vor unserem Reihenhaus auftauchten. Er hielt alles an ihnen (und an ihren Mofas) für mindestens moralisch fragwürdig, wenn nicht sogar untragbar. Auf einmal war ich viel zu jung, um auszugehen. Von wegen Freiheit. Plötzlich war alles gefährlich, auch der Weg, den ich jahrelang allein zur Schule gegangen war. Jungs waren es sowieso.

Ich hatte dann auch keine Lust mehr, mit meiner Familie stundenlang beim Essen zu sitzen. Und als ich verkündete, so wie meine Schulfreundinnen meine Nudeln mit Ketchup essen zu wollen, fasste er sich dramatisch an die Brust und tat so, als erlitte er einen Herzinfarkt. Seine kleine italienische Tochter wurde mit einem Mal so deutsch, dass er sie nicht mehr verstand. Aber das änderte sich zum Glück auch wieder. Eigentlich bin ich bis heute hin und her gerissen zwischen den Kulturen meiner Eltern. Ich weiß nie, was ich sagen soll, wenn ich gefragt werde, ob ich Deutsche oder Italienerin bin. Vielleicht bin ich eine deutsche, am Niederrhein aufgewachsene Italienerin. Ich habe einen deutschen und einen italienischen Pass. Ich schummele beim Spielen, fahre über rote Ampeln, heule bei Siegerehrungen und zelebriere eine große Schwäche für rheinischen Sauerbraten. Mein Vater stammt aus Süditalien, meine Mutter aus einer Stadt in der Nähe von Düsseldorf. Was das für meine Erziehung bedeutet hat, kann sich sicher niemand so recht vorstellen. Jedenfalls war es bei uns nie langweilig.

Als ich selber Mutter wurde, keimte in mir der Verdacht auf, dass ich irgendetwas anders mache als andere Mütter. Immer wieder fand ich mich in Situationen wieder, zum Beispiel im Kindergarten oder in der Schule, wo meine Reaktionen zu größeren Irritationen führten. So wie bei diesem Hausfrauen-Frühstück. Gerne aber auch gegenüber Kindergärtnerinnen oder Lehrerinnen.

Ob anders gut oder schlecht ist, vermag ich nicht zu beurteilen. Nie im Leben würde ich behaupten, das Geheimnis glücklicher Kinder entdeckt zu haben oder meine Kinder als besonders glücklich zu bezeichnen. Dafür streiten wir uns vielleicht auch zu oft. Aber irgendwie macht es riesig Spaß und funktioniert – und von dem Irgendwie handelt dieses Buch.

Es erzählt von Erfahrungen, die ich gemacht habe, und es erzählt die Geschichten, die ich in zwei völlig unterschiedlichen Familienwelten erlebt habe, der deutschen und der italienischen. Mit der Gründung meiner eigenen Familie habe ich mich nämlich nicht für eine Variante des Familienlebens entschieden. Vielmehr vermischen sich diese zu einer neuen Version, zu einem deutsch-italienischen Mix, in dem mal die eine, mal die andere Seite stärker zur Geltung kommt.

Eines noch: Dieses Buch ist auf keinen Fall ein Ratgeber. Und falls mir tatsächlich an der einen oder anderen Stelle ein Rat oder ein klitzekleines Rätchen rausrutscht, dann versehentlich. Auf keinen Fall befolgen! Machen die Italiener auch so.

»Hast du immer noch Hunger?«

Damals wollten mein Mann und ich sehr gerne ein Kind, bloß nicht sofort. Wir waren schließlich jung und hatten Zeit. Wir planten abzuwarten und nichts zu überstürzen, da es ja ohnehin nach dem Absetzen der Verhütungsmittel ein bisschen dauert, bis es klappt.

»Nur Geduld. Das kann auch mal zwei oder drei Jahre dauern, bis ein Kind tatsächlich ...« So weit mein Gynäkologe. Zehn Tage später hielt ich einen positiven Schwangerschaftstest in der Hand.

Die Freude und vor allem die Überraschung waren groß. Besonders bei meinem Mann. Ich überlegte kurz, wem ich es nach ihm als Erstes erzählen sollte? Meiner Mutter oder meiner Schwiegermutter? Bei wem war es wahrscheinlicher, dass sie beleidigt wäre, wenn sie die glückliche Nachricht erst als Zweite erfuhr? Meine Mutter wurde die Erste. Sie war überrascht, behielt aber die Fassung. Mein Vater hingegen weinte hemmungslos vor Glück über den ersten Enkel (eine Enkelin schloss er als Möglichkeit aus), und ich sollte gleich entscheiden, ob ich stillen wollte oder nicht. Danach startete ich einen Rundruf, um sämtliche Verwandten davon in Kenntnis zu setzen, dass sie Oma, Opa, Tante, Onkel, Großcousin oder Pate werden würden. Ich freute mich einfach so sehr, dass es alle erfahren mussten. Meine Freundin Alessandra war unter den ersten zehn, die es erfuhren. Sie hat innerhalb weniger Minuten ihre zwanzig wirklich allerengsten Freunde informiert, sodass nach einer halben Stunde die erste Nachfrage eintraf, wann es denn so weit sei. Großartig. Verschwiegen wie Papageiengräber, die Damen. Meine Nonna in Italien war ebenfalls außer sich vor Freude und bat um sofortigen Besuch, um die Kreatur bestaunen zu können. Sie sagte tatsächlich »Kreatur«, was für deutsche Ohren recht grob klingen mag. Im Italienischen ist damit jedoch kein Monster gemeint, sondern die Kreatur im Sinne der Schöpfung, also das von Gott gegebene Menschlein. Ich fragte höflich, ob es in Ordnung sei, wenn ich das Kind erst noch gebären würde. Anschließend käme ich natürlich sofort, um es zu präsentieren.

Im ersten Drittel der bisher für Außenstehende unsichtbaren Schwangerschaft fuhr ich nach Italien zur Hochzeit meines Cousins. Nonna Emma, meine Großmutter, hatte das große Bett in ihrem Schlafzimmer für mich frei gemacht, weil ich ihrer Ansicht nach Platz bräuchte. Riesig war dann ihre Enttäuschung, als ich vor ihr stand: Nichts zu sehen, kein Bauch, noch nicht mal ein Bäuchlein. Die Lieblingsenkelin sah aus wie immer. Dennoch nahm mich meine Oma an die Hand und zog mich hinter sich her durchs Dorf. Jeder, der uns begegnete, kam in den Genuss der frohen Kunde über die baldige Geburt eines Urenkels. Nachbarn, der Kassierer im Supermarkt, der Gemüsehändler, ein Mann auf einer Vespa, der an der Ampel auf Grün wartete. Ich musste ständig wieder meinen flachen Bauch herzeigen, und Nonna Emma kommentierte: »Sie ist wirklich schwanger, sie kann nichts dafür, dass man noch nichts sieht.

Ihre Mutter ist Deutsche, vielleicht liegt es daran. Oder am Essen.«

Um größeren Schaden abzuwenden, ermahnte meine Nonna mich, möglichst viel zu essen. »Mehr als sonst?«, fragte ich, denn ich bin das, was man in Italien »eine gute Gabel« nennt, ich esse immer und möglichst viel, wenn's geht. Aber Nonna meinte, es sei gerade jetzt besonders wichtig, viel zu essen. Richtig viel. Sagenhaft viel. Denn wenn man sich etwas versage, habe das katastrophale Folgen. So wie bei Antonella, der Tochter von Frau Diodati, die über ihr wohnte. Antonella habe in ihrer Schwangerschaft dauernd »nein« gesagt und nie, nie gegessen, wonach ihr der Sinn stand, und jetzt habe sie den Salat, denn ihr Kind habe überall diese fiesen Flecken auf der Haut.

Um zu erklären, um was für Flecken es sich da handelt, muss ich ein wenig ausholen: Schwangere Frauen haben Gelüste. Ich weiß mittlerweile, dass dies hormonelle Gründe hat, die Details dazu spielen jetzt keine Rolle. Von diesen Gelüsten hat man jedenfalls schon gehört. Die dicke Frau im Bett will unbedingt saure Gurken und Käsekuchen, und zwar um halb elf abends, wenn kein Geschäft mehr geöffnet hat. Und der bemühte Ehemann, der diese Mahlzeiten besorgen soll, ist tief verzweifelt, weil sein Walfisch mit schlechter Laune in den Kissen liegt und er daran nichts ändern kann. Ergo gibt's Tränen und miese Stimmung und so weiter.

In Italien haben Schwangere die gleichen hormonellen Schwankungen und die gleichen Gelüste. Wenn jetzt aber eine italienische Frau – sagen wir im siebten Monat und um halb vier in der Nacht – den Wunsch nach Himbeeren verspürt und sich dann in einer dramatischen Aufwallung an den Arm fasst, hat das Kind später an der gleichen

Stelle einen Fleck. Und zwar in der Farbe der Himbeeren. Wenn es um Kaffee ginge, würde der Fleck braun aussehen. Ich habe mich oft gefragt, wie ein Kind aussieht, dessen Mutter sich einen Obstsalat gewünscht und sich dabei an die Stirn gefasst hat.

Ich wurde jedenfalls angehalten zu essen. Mein Einwand, dass man davon möglicherweise dick werden könnte, wurde abgetan mit den Worten, das sei auch richtig so. Ich solle dick werden. Das sei nicht nur wünschenswert sondern geradezu mein Schicksal als Frau und künftige Mutter. Ich freute mich riesig und frühstückte ab sofort ausgiebig entgegen meiner bisherigen Gewohnheit, denn Frühstück war in meinem Elternhaus keine richtige Mahlzeit gewesen, zumindest nach deutschen Maßstäben. Mein Vater trank seinen Espresso und mümmelte ein kleines Stück Gebäck.

Italiener sind ganz allgemein keine Frühstücker, wie viele italienerprobte deutsche Urlauber sicher wissen. Kleiner Kaffee, also Espresso, dazu ein Cornetto, einen Keks in ein Glas Milch eintauchen oder eine Bomba con Crema. Zack, das war's. So hatte ich es zumindest beigebracht bekommen.

Aber als ich in diese berühmten »anderen Umstände« kam, änderte sich alles. Ich war begeistert von den vielen Sorten Müsli, die ich für mich entdeckte, von unzähligen bisher verschmähten Brot- und Brötchensorten sowie Hunderten Joghurtspezialitäten, die ich früher in den Regalen unseres Supermarktes nie wahrgenommen hatte. Ich kochte Marmelade, die ich auf eine Semmel mit Frischkäse strich und gierig verschlang. Sogar die englische Frühstücksvariante mit Speck und Rührei wurde zeitweise eingeführt. Als uns meine Schwiegermutter kurz nach unserer Italienreise besuchte und mit uns am Frühstückstisch saß, raunte sie meinem Mann zu, er solle sich trennen, und zwar schnell, bevor er keine Haare mehr auf dem Kopf hätte. Aber ich beruhigte sie. Ich esse keine Haare. Auch nicht während der Schwangerschaft.

Einmal ging ich im achten Monat mit meinem Mann und einem Freund in ein japanisches Restaurant, um Sushi zu essen. Ich bestellte so viel, dass mich mein Mann fragte, ob ich noch Gäste erwarte. Ich aß alles auf und dazu die Reste des opulenten Mahles meiner beiden konsternierten Begleiter. Das Gespräch erstarb, schweigend und mit fasziniertem Grausen schauten mir die Männer beim Essen zu. Mein Cousin aus Ancona erzählte mir später, mein Essverhalten sei noch harmlos. Eine Bekannte von ihm habe nachts ständig kalte Zucchiniblüten mit Cola bei ihrem überforderten Gatten bestellt.

Ich war jedenfalls immer bester Laune und liebte es, schwanger zu sein. Mein Bauchumfang war enorm. Meine Freundin Christine, die kurz nach mir schwanger wurde, sah vor, während, und nach der Schwangerschaft von hinten immer gleich aus. Ich nahm an, dass sie zehn Minuten nach der Geburt sofort wieder in ihre 34er Jeans schlüpfen würde. Viel später erzählte sie mir, dass sie ihre Schwangerschaft damit verbracht habe, ständig aufzupassen, ob sie auch alles richtig machte. Sie empfand das Schwangersein als wahnsinnig anstrengend. Interessant. Ich hatte für solche Gedanken damals überhaupt keine Zeit, ich musste ja essen.

Als ich meinem Mann einige Jahre später verkündete er würde ein zweites Mal Vater, stand er auf und bemerkte beim Hinausgehen trocken, dann würde er am besten jetzt gleich schon mal einkaufen gehen.

Bevor ich's vergesse: Meine Kinder haben – soweit ich das beurteilen kann – keinerlei komisch aussehende, farbige Flecken an irgendeinem Körperteil. Hätte mich auch gewundert.

Eine Schwangerschaft in Italien bringt aber nicht nur eine gewisse römische Dekadenz bei den Essgewohnheiten mit sich, sondern auch eine kostenlose Hausangestellte in Form einer Mutter oder Schwiegermutter. Die Mutter, respektive Schwiegermutter, die zu ihrer schwangeren Tochter oder Schwiegertochter eilt, ist aber im Gegensatz zu einer Angestellten, der man auch mal kommentarlos eine Arbeit auftragen darf, die dann ohne nervige Gegenwehr erledigt wird, in der Regel eine komplette Nervensäge. Als Alessandra von meinen anderen Umständen erfuhr, jubelte sie: »Dann musst du ja ab jetzt nicht mehr kochen«. In Italien läuft das nämlich in der Regel so: Sobald eine Mutter erfährt, dass sie Oma wird, gerät sie in Abreisestress. Dann werden die Koffer gepackt, und mit Kochschürze, Hauskittel und Schlüffchen – in Italien nennt man die Dinger »Pantofole« oder auch im Süden »Zoccoli« – bewaffnet, geht es los, und der Haushalt der Tochter wird gestürmt. Nicht nur, dass man jetzt keinen Schritt mehr ohne Ermahnungen, gute Ratschläge oder Warnungen machen kann. Nein, es ist außerdem so, dass die Nonna den Haushalt »auf Vordermann« bringt. Alle Schränke werden neu eingeräumt, weil das so viel praktischer sei. Die Cremes und Töpfchen im Bad werden anders angeordnet, weil das viel netter aussähe. Andere Putzmittel werden gekauft, (»wie könnt ihr denn damit den Boden reinigen, das wird doch so nieeee richtig sauber«), und die Wäsche wird komplett gebügelt, auch Socken und String-Tangas. Nachdem Mary Poppins rund drei Wochen durchs Haus gefeudelt ist, findet man nicht einmal eine Gabel wieder, weil die jetzt in einer völlig anderen Schublade liegt. Oder sogar in einem anderen Raum. Alessandra berichtete mir, dass ihre Schwester nach der Abreise ihrer Mutter keinen Schimmer hatte, wie sie kochen sollte, weil sie erstens weder Töpfe noch Pfannen finden konnte und zweitens jede Form der Selbstständigkeit durch die monatelange Bewirtung eingebüßt hatte.

Einige Wochen nachdem ich meine erste Schwangerschaft verkündet hatte, rief mich mein Vater abends an. Er meldete an, dass er jetzt kommen würde, um mir ein bisschen im Haushalt zu helfen. Meinen Hinweis, dass ich in der dreizehnten Woche sei, also noch laufen und auch ganz gut Treppen steigen könne, wurde selbstverständlich ignoriert. Es hat mich ein drei Tage dauerndes Telefonat gekostet, meinen Vater davon abzuhalten, sein Köfferchen zu packen und mir zu Hilfe zu eilen. Auch in den kommenden Wochen und Monaten vermied ich es tunlichst, auch nur anzudeuten, dass ich dicker oder schweratmiger wurde. Ich trällerte immer, wie gut es mir ginge, und auch mein Bauch sei winzig, man könne immer noch fast nichts sehen. Gut, vier Wochen vor dem Entbindungstermin klingt das ein wenig eigenartig, möglicherweise unglaubwürdig, aber die Angst, bei einer faustdicken Lüge ertappt zu werden, war einfach nicht so groß wie die Angst vor einem Besuch von Mary Poppins Bruder.

Dieser enorme Familiensinn, der explosionsartig aus den Italienern hervorbricht, sobald sich irgendetwas in der Familie verändert, ist ein Phänomen, das ich oft beobachten konnte. Egal, ob schöne Anlässe oder traurige. Die Familie rückt zusammen und geht sich dabei vor lauter Enge auch mal auf die Nerven. Wenn man sich also seine Mutter, Schwiegermutter oder den eigenen Vater vom Leib halten will, muss man zu unlauteren Mitteln greifen. Ich persönlich würde es als Notwehr bezeichnen.

Meine Freundin Alessandra hat mich nicht verstanden.

»Mann, bist du dumm. Du könntest wochenlang die Füße hochlegen und dich bedienen lassen. Stattdessen läufst du dir die Hacken ab, kochst, putzt und wirbelst herum wie ›Das Tier‹ aus der ›Muppet Show‹.«

Alessandra hat selbstverständlich keine Ahnung, wie es ist, wenn mein Vater sich um mich kümmert.

Es heißt immer, die jüdischen Mütter seien sehr anstrengend, weil sie ihre Kinder mit ihrer Liebe fast erdrücken. Wenn das stimmt, muss mein Vater jüdische Wurzeln haben. Jede Mutter in Tel Aviv könnte sich locker noch eine Scheibe von ihm abschneiden. Noch größer als meine Angst vor seinem Besuch ist allerdings meine Angst, er könnte erfahren, dass ich krank bin. Italiener sind gerne wehleidig, und das übertragen sie eins zu eins auf alle anderen Menschen in ihrer Umgebung.

Als meine Mutter einmal während meiner Schwangerschaft den fatalen Fehler machte, zu erwähnen, der Piccola – also der Kleinen – ginge es nicht gut, hatte mein Vater sofort den Hörer in der Hand, um den Arzt, das Krankenhaus oder einen Krankenwagen zu rufen. Ich hatte zwar nur einen Schnupfen, aber seiner Meinung nach kann sich so etwas besonders während der Schwangerschaft zu einem Flächenbrand an Gefahren ausweiten. Diese sehr interessante Art, mit Krankheit umzugehen, führte bei mir komischerweise nicht dazu, ebenfalls wehleidig zu werden. Ich mache mir nichts aus Schmerzen. Ich finde Kranksein langweilig. Die Möglichkeit, im Mittelpunkt zu stehen, ist zwar verlockend, aber ich ziehe andere Situationen vor, um mich wichtig zu machen. Meine Mutter und ich entwickelten daher einen Ersatzcode für die Begriffe »krank«, »anstrengend« und »schlecht«. Alles Alarmwörter, die meinen Vater auf den

Plan bringen würden. Unsere Gespräche klangen für die Ohren meines Vaters ab diesem Zeitpunkt sicherlich ein bisschen eigenartig. Denn wenn meine Mutter nach meinem Befinden fragen wollte, fragte sie mich, welche Pasta ich gekocht hätte. Das erwies sich jedoch als schwierig, wenn ich meine Mutter sehr früh morgens und sehr spät abends anrief, da morgens um sechs Uhr kein normaler Mensch – nicht einmal ein Italiener – Nudeln isst. Vater wurde misstrauisch. Also verlegten wir uns aufs Englische, das meine Mutter aber nur sehr schlecht spricht. Plötzlich hatte ich das Gefühl, dass meine Mutter mir etwas verheimlichen wollte, weil ich sie nun nicht mehr verstehen konnte. Wir unterhielten uns schließlich in der dritten Person über mich und gaben mir den Aliasnamen Jutta. Ab diesem Zeitpunkt konnten wir endlich ungehindert über Stillkissen, Wehen und Babynamen sprechen, da mein Vater immer dachte, es ginge um eine alte Schulfreundin von mir. Noch Jahre später erkundigte er sich nach dem Befinden von Jutta, denn die müsse ja eine schreckliche Schwangerschaft gehabt haben.

»WIR BEKOMMEN EINEN ENKEL«

In Italien bereitet man sich auf die Geburt vor, indem man sich von nahen weiblichen Verwandten erklären lässt, was man alles zu tun und zu bedenken habe. Welche Wäsche man in der Klinik tragen solle und natürlich auch, welches erste Ensemble das Wunderkind denn tragen wird, wenn man das Krankenhaus verlässt. Italiener und Italienerinnen ziehen sich immer mit Bedacht an. Das gilt ausnahmslos für alle Situationen. Und es bedeutet natürlich, dass die Nachtwäsche, der Bademantel, der Morgenmantel und vor allem die erste Bekleidung des noch zu gebärenden Kindes flammneu und sorgfältig ausgewählt sein müssen.

Meine deutsche Schwiegermutter hatte, noch aus den Zeiten der Geburt ihrer Kinder, eine Kiste aufbewahrt, in welcher gestrickte Ausgehkleidung lag. Ich jubelte, als ich ein Mützchen mit passender Jacke ausfindig machte, die mein Mann als zwei Wochen altes Baby getragen hatte. Die Vorstellung, dass unser erstes Kind in den original Strickwaren des Originalvaters das Krankenhaus verlassen würde, machte mich sprachlos vor Glück. Als mein Vater das beige Strickjäckchen nebst passender Mütze begutachtete, fasste er es mit spitzen Fingern an und fragte mich, ob ich meinen Job verloren hätte? Er ging davon aus, dass nur sehr, sehr arme, wahrscheinlich arbeitslose Menschen ihr erstes Kind mit gebrauchter dreißig Jahre alter Kleidung aus dem Haus lassen würden.

Er wies mich knapp an, mir etwas überzuziehen, nahm meinen Arm und zog mich wortlos ins Auto. Er ging mit mir in das größte Baby-Ausstattungsgeschäft der Stadt und beschenkte seinen Enkel wie Suri Cruise, der nachgesagt wird, Schuhe im Wert von 100 000 Euro zu besitzen. Bevor wir zur Kasse abbogen, erklärte er mir noch geheimnisvoll, dass jetzt das Wichtigste ausgesucht werden müsse. Das »Camicetta Portafortuna«. Das ist ein kleines Seidenhemdchen, das hinten wie ein OP-Kittel mit einem Seidenbändchen verschnürt wird. Dieses Hemdchen bekommen italienische Kinder sofort nach der Geburt übergestreift, damit sie lebenslang Glück haben. Ohne dieses »Camicetta Portafortuna« kann man unmöglich ein Kind großziehen. Aber Baby-Ausstatter in Bayern führen kein »Camicetta Portafortuna«. Namenloses Entsetzen. Der Schock legte sich, als meinem Vater klar wurde, dass ich seinen Enkel nicht sofort jetzt in der Auslage der Geschäftsräume bekommen würde, sondern am Beginn meiner Schwangerschaft stand. Er hätte also noch genug Zeit, um bei verschiedenen Verwandten das Hemdchen zu bestellen. Die Farbe könne man sich dann ja noch aussuchen. Obwohl Weiß für einen Jungen sicher das Eleganteste sei. Mein Vater ging nach wie vor fest davon aus, dass ich einen Jungen erwartete. Er wüsste das. Woher er diese brisante Information bezog, erklärte er mir im Übrigen nie. Wenige Wochen nach unserer Shopping-Tour kam ein kleines Paket aus Italien. Darin befand sich ein weißes Seidenhemdchen. Nun war ich also gerüstet für die Geburt. Alles andere war nach Aussagen meines Vaters unwichtig.

Alessandra war allerdings völlig anderer Meinung.

Alessandra ist, wie schon erwähnt, meine beste Freundin. Sie wurde in Neapel geboren, studierte dort und ging nach einem Besuch des Münchner Oktoberfestes nicht mehr nach Neapel zurück. Sie hatte sich auf dem Tisch tanzend und »Hey Baby« singend in einen deutschen Ingenieur verliebt und heiratete diesen nur ein Jahr später während des Oktoberfestes in München.

Sie zogen aufs Land und bekamen zwei wundervolle Kinder. Wir lernten uns kennen, als ich im örtlichen Supermarkt die Verkäuferin nach rohen Schweinerippchen fragte, für meine Sugo. Meine Nonna in Italien kocht ihre Tomatensugo immer mit einem Rippchen, und anders kann man Sugo ihrer Ansicht nach auch gar nicht kochen. Jedenfalls musste ich der rotwangigen und etwas begriffsstutzigen Verkäuferin an der Wursttheke erklären, warum ich eine einzelne Schweinerippe bräuchte.

Alessandra stand neben mir, hörte gebannt zu und sprach mich daraufhin an. Wir diskutierten darüber, ob ein Fleischklops, genannt »Polpettone«, nicht genauso schmackhaft sein könne – so würde nämlich ihre Nonna in Neapel immer Sugo kochen –, und wurden Freundinnen.

Alessandra braucht mich immer mal wieder, um sich erklären zu lassen, warum in Deutschland Dinge so sind, wie sie sind, und ich brauche Alessandra, damit ich mich nicht so anders fühle.

Jedenfalls erklärte Alessandra mir, ich könne unmöglich mit einem Frotteebademantel und einem Baumwollpyjama ins Krankenhaus abrauschen. Wir verabredeten uns in der Stadt und stürmten den Einzelhandel. Die Wahl dessen, was man als frisch gebackene Mutter trägt, kann man nicht dem Zufall überlassen. Das muss sorgsam überlegt werden. Sehen doch die Verwandten und

Freunde mich zum ersten Mal als brandneuen Menschen, als Mutter!! Erst ist man Mädchen, dann Frau, dann Ehefrau und schließlich als Krönung des irdischen Daseins Mutter. Ergo benötigt man ein Kleidungsstück, das dieser Verwandlung Ausdruck verleiht. Wir betraten den Laden unseres Vertrauens, spezialisiert auf Kleidung für werdende Mütter, und sprachen die einzige Mitarbeiterin an.

Ich musste der Dame nicht viel erklären, denn ich sah aus wie ein Mensch gewordener Kürbis, sprach kurz von Klinik und Geburt und sagte, ich dachte an etwas Rotes, Seidenes mit kurzen Ärmeln und champagnerfarbener Borte. Es solle aber auch kuschelig sein. Die Verkäuferin brachte mir ein Bärchenzelt aus Flanell mit zwei riesigen Taschen in Busenhöhe, die man aufknöpfen konnte, damit man dem Kind bequem die Brust geben kann. Alessandra verdrehte die Augen. Wir dachten eher an etwas Unpraktisches, aber Schönes. Ohne kleine Tiere und Taschen über der Brust. Die Verkäuferin argumentierte mit erhobener Stimme, das Modell »Anita« würde sehr gerne und häufig von Schwangeren genommen. Wir sagten, »Anita« gefalle uns aber nicht. Wir würden eher Richtung »Chantall« oder »Tamara« tendieren. Oder wie sehe es denn aus mit »Antonella« oder »Raffaela«. Aber die Frau, die vor unseren Augen wie besessen die Brusttaschen auf- und zuknöpfte, hatte nichts »in der Art« da. Also gingen wir in den heißesten Wäscheladen der Stadt, sagten vorsichtshalber, Alessandra hätte gerne ein hübsches Nachtgewand, das nicht zu eng sitzen sollte, mit passendem eleganten Morgenmantel, kauften beides in Größe zweiundvierzig und gingen. Die dazu passenden Schuhe, flache schicke Pantöffelchen mit einem kleinen roten Puschel drauf schenkte mir Alessandra dann einige Tage später. Jetzt war ich aber so was von bereit.

Meine Fruchtblase platzte in der 38. Woche, vormittags, während ich im Bett saß und telefonierte. Ich legte auf und packte stoisch meine Tasche. Währenddessen rief Alessandra meine Eltern an und erklärte, es würde jetzt schon losgehen. Daraufhin organisierten meine Eltern eine Art Standleitung in den Kreißsaal. Alle dreißig Minuten rief mein Vater an, um sich zu erkundigen, wie es seinem Enkel denn ginge. Neben mir, im Kreißsaal Nummer zwei, lag ebenfalls eine Frau, die beabsichtigte, ein Kind auf die Welt zu bringen. Ich war mir dabei aber nicht ganz sicher, denn das, was man aus diesem Raum hörte, klang eher nach Teufelsaustreibung als nach einer Geburt. Meine Hebamme erklärte mir, dass die Dame nebenan anscheinend Ausländerin sei, und als ich genauer hinhörte, erkannte ich ihren kalabresischen Dialekt, und mir wurde alles klar. Während ich auf allen vieren auf dem Boden herumkroch und vor mich hin atmete, schrie meine Zimmernachbarin um ihr Leben. Sie weinte, bettelte, tobte und beschimpfte ihren Mann in einer Art und Weise, die man nicht einmal hinter vorgehaltener Hand wiedergeben sollte. Es waren auch ein paar Ausdrücke dabei, die man in Kalabrien für kopulierende Paarhufer benutzt, und andere, die ich nicht verstand.

Ich hatte circa acht Stunden Zeit, meiner Landsmännin zu lauschen, während meine Geburt ihren natürlichen Weg ging. Ich röchelte, die Kalabresin wütete; ich hechelte, sie spuckte und spie Schimpfwörter aus. Ich bekam endlich mein Kind, und sie schrie so laut, dass selbst die Hebamme in meinem Kreißsaal sehr laut reden musste, damit ich sie verstand, als bei mir der Kopf meines Kindes rausguckte.

Dass Italiener gerne mal lauter sind als Deutsche, ist sicher nichts, womit ich meine Leser überrasche. Dass gebärende Italienerinnen aber um vieles lauter sind als normale oder sich streitende Italienerinnen, hat einen wichtigen Grund.

Das liegt an der Wurfprämie. Die Wurfprämie ist ein Geschenk von nicht unbeträchtlichem Wert, das der Mann der ehemaligen Ehefrau, jetzt Mutter, für die geleistete Arbeit während der Geburt überreicht. Je härter und länger die Geburt, desto größer und wertvoller das Geschenk. Bedeutet also für die Frauen im Kreißsaal: »Brülle so laut du kannst«. Und nicht nur das. Ist die Geburt nicht lang, wird sie in den später folgenden Schilderungen dramatisch und endlos in die Länge gezogen. Waren die Schmerzen auszuhalten, werden sie während des dreistündigen Berichtes unerträglich. So, und nur so sichert man sich das Lob und die Anerkennung der anderen Mütter, Tanten und Großmütter. Denn diese kennen diese »Tortura« ja schon. »Ach was, nur 15 Stunden? Bei mir waren es mindestens 50 Stunden Press-Wehen.« »Ich wäre fast verblutet, und mein Sohn hatte die Nabelschnur mindestens achtmal um den Hals gewickelt.« Einwände, das sei anatomisch unmöglich, werden als unnötiger Kleinmut abgetan.

Unsere Tochter kam zwei Wochen vor dem errechneten Termin und überraschte uns alle damit, dass sie eine ganz eigene Vorstellung davon hatte, wann es Zeit sei, auf die Welt zu kommen.

Als meine Eltern so schnell wie möglich zu Besuch kamen, um den mit dem falschen Geschlecht ausgestatteten Enkel zu begutachten, raunte ich meinem Mann zu, er solle doch mal schauen, wie groß die Koffer seien, die sie mitgebracht hatten, daran könne man ganz gut erkennen, wie lange sie bleiben würden. Es war zum Glück nur eine kleine Reisetasche.

Die Italienerin in mir genoss es, im Mittelpunkt zu stehen und von allen für ihre unglaubliche Leistung bewundert zu werden, tatsächlich ein Kind auf die Welt gebracht zu haben. Meine Tanten riefen an und lobten, wie großartig ich sei, diese enormen Schmerzen ausgehalten zu haben. Ich sei heldenhaft durch diese Geburt gegangen, und niemand, der es nicht selbst erlebt habe, könne ermessen, wie beinahe unmöglich das sei. Und überhaupt sei ich die größte, schönste, phantastischste Gebärende weltweit. Und das Kind erst, diese Anmut, diese seidigen Haare und die schönen blauen Augen. Natürlich hatte keiner meiner italienischen Verwandten das Kind bisher gesehen, aber dieses Kind musste umwerfend sein, denn es war jetzt Teil unserer Familie, die nur aus schönen, intelligenten und anmutigen Mitgliedern besteht.

Die junge Mutter im Bett neben mir bekam auch Besuch von ihrer Familie. Auch sie wurde für das hübsche Kind gelobt. Kurz. Dann wurde die Geburt besprochen. Auch recht kurz, und das klang wie folgt:

»Und? Wie war's?«

»Na ja, wie soll's schon gewesen sein.«

»Ja ... klar, war's denn lang?«

»Nee, ging so. Acht Stunden.«

»Ach, das ist doch ganz gut.«

»Ja, stimmt, aber ist ja schon auch sehr anstrengend.«

»Ja, ja, aber da muss man halt durch.«

»Hmm.«

Dieses Gespräch hätte genauso gut über einen Hausputz, einen Ausflug in die Berge oder einen Besuch bei der Schwiegermutter geführt werden können. Aber eine deutsche Mutter jammert eben nicht.

Und Wurfprämien gibt's dann eben auch nicht.

»DORIS, DAS KIND IST KRANK!«

Nach der Geburt bekam ich einen Schnupfen und saß mit einer Rotznase im Krankenbett. Es war nicht besonders schlimm. Halt ein bisschen Schnupfen. Kein Husten, kein Fieber, ich fühlte mich wunderbar und musste nur ab und zu meine Nase putzen. Aber heimlich. Ich erwähnte es ja bereits. Wenn mein Vater spitzbekam, dass ich verschnupft war, wurde er sofort zu Florence Nightingale.

Ich würde gerne ein kleines Beispiel aus meiner Kindheit erzählen: Ich sitze auf dem Sofa, bin etwa zwölf Jahre alt, lese und muss plötzlich niesen. Mich hat was in der Nase gekitzelt. Mein Vater fragt sofort: »Bella? Gette dir nicht gut? Bist du krank?« Gesundes Kind: »Nein, wieso. Musste nur mal niesen.« Besorgter Vater: »Doris«, das ist übrigens meine Mutter, »das Kinte iste krank.«

Gesundes Kind: »Bin ich nicht, mir geht's prima.«

Sehr besorgter Vater: »Doris, du musste Fieber messen, der Kleine gette nicht gut.«

Leicht genervtes Kind: »Babbo, ich hab nichts.«

Sich in großer Sorge befindlicher Vater: »Ich ruf die Kinderarzte an.«

Schwer atmende Mutter: »Antonio, du weißt doch nicht mal die Nummer, also hör auf, sie sagt doch, ihr geht's gut.«

Beleidigter Vater: »Unsere Piccola iste schwer krank, und du willste Medico nicht anrufen? Sie konnte Diphtherie habe, eine schwere Infecione oder Meningite, und wenn wir nichte aufpassen, wird sie eine Blumenkohl in die Kopfe und wir mussen sie fur die Reste ihres Lebens im Rollstuhl durch die Parco schieben. Bella, vai, ziehe diche an, Doris du auche, wir fahren zum Medico.«

Schon ein bisschen wütende Tochter: »Ich will nicht zum Arzt. Ich habe nichts und gehe jetzt zum Training.«

Völlig verzweifelter Vater: »Doris, rede du mitte ihr, iste sie im Fieberwahn und denkte an Sporte macken. Das arme Kind, povera Piccola, ich rufe eine Krankenwagen.«

Total saure Tochter: »Papa, ich werde nirgendwohin fahren, lass mich in Ruhe, ich bin kerngesund«.

Bis ich meinen Vater, der sich im Laufe dieser Tragödie in eine Art Hysterie steigerte, beruhigt hatte, vergingen Stunden. Aber ich hütete mich fortan zu niesen, zu husten oder das Gesicht schmerzhaft zu verziehen, wenn er in der Nähe war. Selbst wenn ich mir den Musikknochen anstieß. Oder mich verschluckte. Gott sei Dank bin ich mit einer stabilen Gesundheit gesegnet.

Aber jetzt hatte ich eine Rotznase – und was noch viel, viel schlimmer war: Ich hatte gleichzeitig ein Baby. Wo ich nun selber Mutter war und mein Vater Großvater, sprich »Nonno«, stand meine Gesundheit selbstverständlich nicht mehr im Vordergrund. Die sensible Seelenlage meiner Tochter und ihre körperliche Situation wurden nun zentrale Themen unserer Gespräche. Überhaupt verwandeln sich fürsorgliche italienische Eltern, die sich jahrelang ein Bein ausgerissen haben, um den eigenen Nachwuchs angemessen zu hegen und zu pflegen, zu völligen Rabeneltern, wenn die nächste Generation in Form von entzückenden kleinen Enkeln auf der Matte steht. Ich habe erlebt, dass meine Eltern mich rüde beiseiteschoben, als ich mit ausgebreiteten Armen auf dem Kiesweg vor unserem Haus stand, um sie in Empfang zu nehmen und zu umarmen, als hinter mir ihre geliebte Enkelin auftauchte. Ich war fassungslos. Als meine Mutter mich in unseren regelmäßigen Telefonaten nicht mehr mit »Guten Morgen mein Mückelchen, wie geht's Dir denn?« begrüßte, sondern stattdessen nur noch fragte: »Na, was macht die Kleine?«, beschwerte ich mich. Natürlich ohne Erfolg.

Wenn die Gesundheit des Kindes auf dem Spiel steht, muss man zurückstecken. Völlig klar also, dass meine Wehwehchen von nun an niemanden mehr interessierten. Und nicht nur das. Man nahm mir regelrecht übel, dass ich es wagte, mit meinen Bazillen das Baby womöglich zu verunreinigen, mehr noch: es mit meiner Anwesenheit zu gefährden. Ich müsse besser aufpassen, aber da sei Hopfen und Malz verloren, schließlich ginge ich ja auch mit nassen Haaren aus dem Haus. »Ich sag's ja schon immer, Kind, zieh dir was an, du holst dir den Tod, aber nie hörst du auf mich, und jetzt wird die Kleine krank.«

Ich wies darauf hin, dass ich stillen würde, da sei das Kind doch immunisiert und stabil, da könne nichts passieren. Hierauf wurde mein Vater blass und flüsterte tonlos, ich hätte ja überhaupt keine Ahnung. Die Tochter seiner Nachbarin habe einen Schwager und dessen Cousine dritten Grades habe einen Sohn, welcher ebenfalls gestillt wurde und trotzdem eine schwere Lungenentzündung bekam, an der er fast gestorben sei. So!

Er empfahl mir, ihm das Kind zu geben, bis ich wieder gesund wäre. Ich rief begeistert: »Hey, Spitzenidee, dann kann ich ausschlafen, und du stillst sie alle drei Stunden. Nimm sie mit und komm in einer Woche zurück, dann bin ich ausgeschlafen.« Die Aussicht auf eine Woche chinesischer Tropfenfolter in Form von Schlafentzug behagte Nonno dann aber doch nicht, also ließ er mir das Kind, wenn auch mit der Auflage, doch bitte regelmäßig mich und meine Hände zu desinfizieren.

Gott sei Dank fand diese Diskussion im Krankenhaus statt, was den Vorteil hatte, dass mein Babbo eiligst das Gespräch hinter sich bringen wollte, um den Aufenthalt im Krankenhaus so kurz wie möglich zu halten. Er und viele Italiener, die ich kenne, hassen Krankenhäuser. Sie halten sie für Brutstätten von Siechtum, Krankheit und Tod. Ergo geht ein Italiener nur im absoluten Notfall dorthin und hält sich auch nicht unnötig lange darin auf. Vaters mangelndes Vertrauen und seine Angst gegenüber italienischen Kliniken sind allerdings auch nicht unbegründet. Die Ausstattung dort lässt gerne mal zu wünschen übrig. Ob das wirklich für alle italienischen Krankenhäuser gilt, wage ich zu bezweifeln, aber für einige im Süden Italiens wahrscheinlich schon. Jedenfalls besitze ich, genau wie mein Vater, einschlägige Erfahrungen.

Als meine Mutter sich in Italien einmal den Knöchel gebrochen hat, wurde sie operiert und musste zwei Wochen im Krankenhaus von Termoli verbringen. Bevor wir aufbrachen, um sie zu besuchen, ging mein Vater in die Küche des Ferienhauses, nahm einen Teller, eine Tasse, ein Glas und Besteck heraus und verstaute alles in der Tasche, die er beabsichtigte, meiner Mutter mitzubringen. Auf meine Frage, was er Spannendes damit vorhabe, antwortete er mir seelenruhig, alle müssten ihren Angehörigen diese Ausstattung mit ins Krankenhaus bringen, denn wenn es Geschirr und Besteck vom Krankenhaus gäbe, würde alles geklaut. Im Übrigen könnten wir froh sein, nicht auch die Schrauben für Mamas Knöchel mitbringen zu müssen.

Meine Mutter saß hungrig und durstig in ihrem Krankenhausbett und wartete auf ihr »Werkzeug«, denn vorher bekam sie nichts zu essen. Ohne Teller keine Pasta. Die Operation verlief im Übrigen erfolgreich. Die Fäden, die verwendet wurden, um die Operationswunde zu vernähen, hat der deutsche Arzt, der sie später zog, als Andenken behalten. Er nahm an, dieses Nahtmaterial würde gar nicht mehr hergestellt. Wahrscheinlich liegen die schorfigen Fäden meiner Mutter heute in einem Nahtmaterial-Museum.

Es grenzte also fast an ein Wunder, dass mein Vater sich trotzdem dazu hat überreden lassen, ins Krankenhaus zu gehen, um mich zu besuchen. Aber er hatte ja Geschenke dabei, die er unbedingt loswerden wollte. Schließlich musste er als Südländer doch dafür sorgen, dass das Enkelkind im kalten Deutschland nicht erfriert. Also brachte er mir einen Daunensack für den Kindersitz, eine kleine Felljacke und die dazu passende Mütze sowie Fellschuhe mit. Der Daunensack war geeignet für Temperaturen bis zu minus 40 Grad, mit Windstopper-Funktion und einer 90prozentigen Daunenfüllung. Scott Amundsen wäre blass vor Neid geworden. Mir war schleierhaft, was ich damit sollte, zumal es Sommer war und ich, wenn es tatsächlich irgendwann einmal minus 40 Grad hätte, ganz bestimmt nicht mit einem drei Monate alten Baby das Haus verlassen würde. Aber Italiener wollen auf keinen Fall frieren. Eher an einem Hitzschlag sterben, aber nicht frieren!

Die Angst vor Krankheit und Siechtum führte in meiner Familie schon dazu, dass meine Tante Anna, als wir noch Kinder waren, ihren Sohn Nazario immer sofort trockenföhnte, wenn er im Hochsommer während der Ferien mit uns spielte und ein wenig schwitzte. Bei 30 Grad Celsius nicht wirklich ungewöhnlich, aber absolut unerwünscht, was meine Tante betraf. Ihrer Ansicht nach führte Schwitzen sofort zu Fieber, Krankheit und Lungenentzündung. Der Besuch des Meeres ist ja auch tödlich, wenn man vorher etwas zu Mittag gegessen hat. Man durfte unter gar keinen Umständen auch nur den Fuß ins Wasser halten, denn das war brandgefährlich. Meine Nonna verbot mir sogar, nach dem Essen auch nur in die Nähe des Meeres zu gehen. Viel zu gefährlich. Vielleicht dachte sie, das Meerwasser springt mich an. Ich weiß es nicht.

Diese Haltung ist jedenfalls keine Familienschrulle, sondern entspricht allgemeinen Bräuchen. Tatsächlich sind italienische Strände nach dem »Pranzo« – dem üppigen Mittagessen – völlig ausgestorben. Die Einzigen, die sich in der Mittagshitze dort aufhalten, sind Ausländer. Alltags-Mythen wie das todbringende Bad nach dem Essen wurden von meiner italienischen Familie niemals infrage gestellt. Die Mutter von Nonna Emma hat gesagt, dass es so sei, und es will niemand behaupten, dass Nonna Emmas Mama Quatsch erzählt habe, immerhin habe sie das ja schon von ihrer Nonna. Eine kritische Haltung zu historischen Erkenntnissen ist meinen Italienern einfach zu anstrengend, und mein Vater leidet schwer darunter, dass meine deutsche Hälfte seine Warnungen und guten Ratschläge ständig auf den Prüfstand stellt.

In einer Beziehung hatten ich oder meine Tochter großes Glück. Ich musste den Nonno nicht ständig über den Gesundheitszustand seiner Enkeltochter belügen, denn schon früh zeigte sich, dass auch unsere kleine Tochter eine robuste und unverwüstliche Konstitution besitzt.

Nicht auszudenken, wenn sie tatsächlich einmal Dreitagefieber oder etwa Keuchhusten bekommen hätte.

Vielleicht hat diese leicht übertriebene Furcht meines Vaters dazu geführt, dass ich bei meinen beiden Kindern eher etwas zurückhaltend war in Bezug auf Arztbesuche. Typisch italienisch ist das große Trara, wenn man mal krank ist, aber der Gang zum Arzt ist eher deutsch.

Lieber kurierte meine Nonna mit bisweilen skurrilen Methoden verschiedene Krankheiten. Olivenöl ist ihrer Ansicht nach die medizinische Variante geweihten Wassers. Olivenöl, »Extra Vergine« natürlich, hilft bei fast allem. Hautirritationen, Durchfall, Magenweh oder Kopfschmerzen. Sogar bei Frauenbeschwerden schwört sie auf das Einreiben des Rückens und des Bauches mit warmem Olivenöl. Da mir ihre »Kuren« tatsächlich oft halfen, wurde ich zum Naturheilkunde-Interessierten. Ihre Überzeugung, dass die meisten Beschwerden sowieso von selber verschwinden, führte bei mir zu einer Art kontemplativer Zurückhaltung in Bezug auf die Wehwehchen der Kinder. Meine Mutter formulierte es einmal so: »Deine Kinder müssen schon mit Kopf unterm Arm heimkommen, bevor du mal ein Pflaster aus deiner Schublade kramst.«

Als ich den Kinderarzt mit meiner Freundin Alessandra besuchte, weil meine Tochter eine Impfung brauchte, saß neben uns eine junge Mutter, die eine Stunde lang von schlimmsten Krankheiten berichtete, die ihr Sohn schon gehabt hatte. Die erste große Panik bekam die Dame ihren Schilderungen zufolge, als ihr Kind 38 Grad Fieber hatte. Ich hingegen war immer der festen Überzeugung, Fieber sei eine natürliche Reaktion des Körpers, an der man erkennt, dass das Immunsystem richtig und gut reagiert, weil es die bösen kleinen Bazillen und Viren tötet. Fieber ist also eigentlich etwas Gutes. In diesem Gespräch bekam ich jedoch eher den Eindruck vermittelt, Fieber und ein bisschen Husten haben bei einem zweijährigen Kind den ungefähren Stellenwert von Typhus und Cholera zusammen. Die Frau steigerte sich dann in eine Schilderung sämtlicher Dysfunktionen der letzten zwei Jahre. Alessandra und ich wurden Zeugen der kompletten Krankengeschichte von Klein-Oskar.

Ich hatte schon die schlimmsten Befürchtungen, ob der gebrechliche Junge die Einschulung überhaupt erleben würde. Doch als Oskar eine Viertelstunde später nach seinem Hörtest mit dem Arzt in der Tür auftauchte und verkündete, er höre phantastisch und ihm ginge es fabelhaft, hatte ich den Eindruck, dass seine Mutter ein bisschen enttäuscht war. Vielleicht ist es egal, ob diese Mutter über die Krankheiten Oskars sprechen kann oder über die sensationellen Fortschritte in seiner Entwicklung oder die Konsistenz seines Windelinhaltes. Hauptsache, die Kinder können auf die eine oder andere Art miteinander verglichen werden. Aber dazu später mehr.

Alessandra, Mutter zweier Kinder, misstraut Tabletten und Medizin im weitesten Sinne. Vielleicht war sie ja mal im gleichen Krankenhaus wie mein Vater. Das habe ich sie nie gefragt. Sie ist auf jeden Fall so weit von der Vergabe irgendwelcher Mittelchen und Tabletten an ihre Kinder entfernt wie Angela Merkel von einem Lambada-Kurs.

Statt Olivenöl schmiert Alessandra auf alles Wund- und Heilsalbe. Wenn man die Salbe essen könnte, würde ich mir Sorgen machen. Natürlich ist auch sie überbesorgt wie alle Italienerinnen, bleibt aber vergleichsweise cool, wenn ihr Kind tatsächlich mal mit einer größeren Wunde antanzt. Sie drückt und herzt ihr Kind dann bis zur Besinnungslosigkeit und streicht ihre Salbe auf die verletzte

Stelle. Aber die wirkungsvollste Medizin sind ihre feste Umarmung und ihre neapolitanisch gesäuselte Beschwörung, dass der Schmerz gleich vergehe.

Die Angst vor Krankheiten, und sei es nur eine Erkältung, führt bei jungen Eltern zu eigenartigen Diskussionen. Wann immer ich im Säuglingsalter meiner Tochter mit anderen Müttern ins Gespräch kam, wollten diese von mir wissen, wie viele Schichten man meiner Meinung nach dem Säugling überstreift, damit es nicht zu kalt oder zu warm für ihn sei. Ich wusste erst gar nicht so richtig, was die Damen meinten. Ich zog sie einfach warm an und häutete sie im Bedarfsfall wie eine Zwiebel, bis sie aufhörte zu brüllen. Ich ging davon aus, dass sie weinte oder maulte, wenn etwas nicht in Ordnung war, und lupfte dann die Decke oder öffnete ihre Jacke. Meistens hörte sie dann auf, sich zu beschweren.

Wenn ich mich recht erinnere, gab es in meinem deutschen Bekanntenkreis sogar so etwas wie eine Schichten-Formel. Ich glaube, man sollte den Kinderwagen-Fahrgästen demnach immer eine »Haut« mehr anziehen als sich selbst, abzüglich des Fußsackes oder so ähnlich. Oder musste man eine Schicht mehr als man selber, aber abzüglich Jacke, und auf die Fußwärme kam es dann nicht mehr an? Ich hab's vergessen, aber ich glaube, im Winter habe ich sowieso nicht ohne guten Grund das Haus verlassen. Viel zu kalt.

»WIE, SIE GEHEN NICHT ZUM PEKIP?«

PEKiP ist die Abkürzung für Prager-Eltern-Kind-Programm. Da treffen sich Mütter mit ihren Babys und legen sie zum Beispiel nackt im Kreis auf eine gepolsterte Unterlage. Die Kinder dürfen sich dann gegenseitig anfassen und »erleben«. Meistens sind die Veranstaltungsräume stark überheizt, damit die Babys nicht auskühlen. Die Mütter sitzen dann mit hochroten Köpfen über ihren Kindern, die sich »erleben« sollen.

Im Internet steht über PEKiP: »Man soll sein Baby in seiner momentanen Situation und seiner Entwicklung wahrnehmen, begleiten und fördern.« Und: »Die Beziehung zwischen dem Baby und seinen Eltern stärken und vertiefen.«

Ich wurde immer wieder gefragt, warum ich denn nicht beim PEKiP sei. Damit könne man die Kinder schon früh fördern, und es räche sich später, wenn man nicht in die Förderung investiere. Es gebe tolle Kurse, wo man Babys beibringen könne, mit Handzeichen zu kommunizieren. Babyzeichensprache nennt man das. Wenn Kinder vor einer Flasche mit Tee und einer mit Milch sitzen, können sie ihren Eltern dann anhand einer Handbewegung mitteilen, was sie lieber trinken möchten.

Mir wurden auch Sportprogramme ans Herz gelegt,

in denen man Kleinkindern im Alter von drei bis fünf Jahren innerhalb von vier Wochen Grundkenntnisse in Fußball, Tennis oder Golf beibringen kann. Nicht zu vergessen die musikalische Frühförderung. Ab einem Alter von sechs Monaten kann man da großartige Programme buchen. Wenn Ihre Tochter später erster Geiger bei den Berliner Philharmonikern werden soll, kann man nicht früh genug anfangen.

Ich habe im Radio einen Beitrag gehört, in dem die Mutter einer jungen Geigerin berichtete, dass sie das Instrument an ihrer Tochter festgebunden habe, als diese eine Zeit lang nicht üben wollte.

Alessandra berichtete von einer Nachbarin, die sich damit plagte, dass ihre Tochter nicht in die angesagteste englischsprachige Krabbelgruppe der Stadt aufgenommen wurde und die Mutter nun den sozialen Abstieg befürchtete. Denn es sei doch so: Kinder haben ein sogenanntes Sprachfenster. Wenn das einmal geschlossen sei, ist es nebbich mit dem Spracherwerb. Wenn die Kinder im Alter von drei Jahren nur eine einzige Sprache sprechen und die nicht einmal fehlerfrei, ist die ganze Karriere im Eimer, und nichts wird's mit dem Vorstandsposten.

Alessandra sagte ihrer Nachbarin, sie sei echt beeindruckt, dass sie jetzt schon bei ihrer sieben Monate alten Tochter wisse, welchen Beruf sie später ergreifen wolle. Wenn sie bei ihrem Sohn darauf tippen müsste, was er später mache, käme nur Fernsehtechniker infrage, denn er liebe Fernbedienungen.

Und meine Tochter wird Fliesenlegerin. Sie hat als Einjährige unheimlich gerne die Fugen in unserem Badezimmer mit ihren kleinen Fingern nachgemalt. Ansonsten glaube ich, dass meine Tochter wahrscheinlich ein bisschen im Nachteil ist gegenüber tadellos top geförderten Kindern. Die Fugen im Bad waren jahrelang ihr einziges Spielzeug. Das arme Kind.

Ich möchte allerdings die Förderung wirklich hochbegabter Kinder nicht in Zweifel ziehen. Ohne eine sinnvolle, ausreichende Förderung leiden sie schlicht und einfach darunter, dass sie anders sind. Ich kenne Eltern, die ihren unfassbar klugen Sohn, der schon mit vier Jahren fehlerfrei rechnen, lesen und schreiben konnte, unprätentiös und ohne jedes Theater mit Kursen am Nachmittag förderten und irgendwann die Lehrerin um Unterstützung baten. Dieses Kind ist fröhlich, zwar der jüngste seiner Klasse, aber nicht unterfordert, und das Wort »hochbegabt« habe ich weder von seinen Eltern noch von ihm jemals gehört. Alessandra und ich hatten, soweit wir das beurteilen konnten, normal begabte Babys, die sich dadurch auszeichneten, besonders nett zu lächeln, viel und gerne zu essen und oft zu schlafen, wenn sie Lust dazu hatten.

In den ersten Monaten unternahm ich mit Alessandra stundenlange Spaziergänge, bei denen wir uns glänzend unterhielten. Wir unternahmen auch sonst nur ganz normale Dinge mit unseren Kindern. Alltag eben. Als wir wieder an unsere Arbeitsstellen zurückgingen, besuchten wir uns weiterhin in der freien Zeit gegenseitig und ließen unsere Kinder miteinander spielen. Dann begegneten wir anderen Müttern, und die wollten wissen, wo wir stehen. Denn: Kinder müssen verglichen werden.

»Na, wie alt ist es denn? Ach, schon dreizehn Monate? Und läuft es denn schon? Was, noch nicht, na ja, vielleicht müssen Sie mal ein bisschen üben, dann wird das schon.« Eine Mutter erklärte mir, wie wichtig Krabbeln für die Entwicklung sei, da würden sich die beiden Gehirnhälften der Kinder miteinander vernetzen, oder so ähnlich. Sie berichtete mir von einer Frau, die mit ihrer heftig protestierenden Tochter üben würde, auf dass diese endlich krabbele. Das besagte Kind hatte sich bis dahin auf dem Popo hopsend vorwärts bewegt. Alessandra fragte, warum die Frau ihr Kind zwinge, auf allen vieren zu gehen, das sei doch unheimlich anstrengend. Sie habe das mal ausprobiert. Sie sei testweise eine halbe Stunde auf Händen und Füßen durch ihre Wohnung gekrochen. Am Ende sei sie so müde gewesen, dass sie auf der Krabbeldecke ihrer Tochter eingeschlafen sei. Sie schlussfolgerte, dass die Dame doch froh sein könne, dass ihr Kind so klug sei, sich diese Plackerei zu ersparen. Außerdem sähe das Gehopse unheimlich lustig aus, und was sei so schlimm daran, wenn das Kind von allen freundlich angelacht würde, weil es sich so ulkig vorwärts bewegt?

Die ewige Fragerei anderer Frauen habe ich damals als inquisitorisch empfunden. Ständig wollte man den Entwicklungsstand meiner Kinder überprüfen, um im Bedarfsfall mitleidig oder ermunternd auf mich einzuwirken. »Kann Ihre Tochter schon allein essen? Benutzt sie den Pinzettengriff?« (So nennt man die Fähigkeit der Kinder, ab einem bestimmten Lebensmonat mit Daumen und Zeigefinger Gegenstände aufzuheben.) »Wann schläft sie, wie viel schläft sie? Spricht sie in ganzen Sätzen? Sagt sie ›ich‹ will, oder setzt sie ihren Namen voran?«

Verwandte, Kinderärzte, Nachbarinnen oder sogar Kassiererinnen im Supermarkt, alle haben einen guten Rat, eine Anregung oder eine Frage auf den Lippen. Ich war noch neu im Mutter-Kind-Geschäft und unsicher. Ich wusste nicht genau, ob ich mein Kind traumatisierte, wenn ich es eine Stunde später fütterte als sonst. Oder ob es darunter litt, ohne Babyzeichensprache auskommen zu müssen. Mein armes Kind musste seine Flasche durch das Kinderzimmer werfen, wenn es keinen Tee mehr wollte, oder es hat den Mund gar nicht erst aufgemacht. Musikalische Frühförderung hat unsere Tochter auch nicht genossen. Bis sie selber ein Instrument zu spielen verlangte, hörte sie nur schlecht von mir interpretierte Rock-, Disco- und Soul-Hits.

Auch unser Sohn hat im zarten Alter von drei Jahren keinen Golfkurs besucht oder Schach gelernt. Grundkenntnisse im Fußball besaß er komischerweise ab seiner Geburt. Wir waren verblüfft, denn unser Wunderkind schwang doch im zarten Alter von einem Jahr tatsächlich mit einer Ausholbewegung seinen rechten Fuß nach vorne und schaffte es, den Ball dadurch von seiner ursprünglichen Stelle an eine andere zu bewegen. Wir waren fasziniert. Der nächste Eusebio oder Diego Armando Maradona wächst in unserem Haus heran. Und das alles ohne spezielle Sportförderung. Wahnsinn!!

Die Weigerung meinerseits, Tochter und Sohn in nachmittägliche Kurse zu schicken, begründet sich bestimmt in einer genetisch veranlagten übertriebenen Mutterliebe zu meinen Kindern. Denn in Italien gibt es eine Art Gesetzt, das lautet: »Meine Bambini sind Besten.« Ich war für meine Eltern, vor allem für meinen Vater, das beste, klügste, schönste Kind der Welt, und meine Kinder sind es nun mal für mich. Wenn mein Vater mich etwas gelehrt hat, dann das. Und da meine Tochter und mein Sohn so großartig sind, muss ich sie nicht durch irgendwelche Kurse noch großartiger machen. Ich befürchte, dass die extensive kindliche Frühförderung vieler deutscher Kinder mehr mit dem schwach entwickelten Selbstbewusstsein ihrer Eltern zu tun hat als mit der Unzulänglichkeit des Kindes. Ich hätte auch gar keine Zeit dafür gehabt, ich musste mich doch mit meiner Freundin Alessandra treffen, die sich wunderte, woher Mütter die

Muße nehmen, all diese Kurse zu besuchen. Sie hat genug damit zu tun, ihre Kinder zu bekochen, zu beschmusen und Dinge zu besorgen oder zu unternehmen. Ihr sei es ein echtes Mysterium, wie man dann noch mehrmals in der Woche zu irgendeinem Kurs für Babys gehen soll.

Meine Kinder waren in den ersten beiden Lebensjahren schwer damit beschäftigt, herauszufinden, wie ein Schlüssel schmeckt, warum ich böse werde, wenn man sich auf Schallplatten setzt, und warum der Hund immer größere Stücke von der Brezel abbeißt als sie selber. Ich möchte nicht den Eindruck erwecken, sie hätten eine Art Bullerbü-Kindheit erlebt, in der ihr Vater den ganzen Sommer lang in Latzhose Baumhäuser baute oder wir mit einer Schale Kirschen auf den Knien im Gras saßen und Käfer beobachteten. Denn so war es selbstverständlich nicht. Ich habe nur keine Kurse besucht. Meine Frühförderung bestand darin, mir nicht immer den Kopf zu zerbrechen, was jetzt noch alles in den Schädel unserer Kinder rein soll.

Kinder sind keine Projekte, die man betreut und optimiert. Und Kinder sind nicht wie ein Billy-Regal, das immer auf die gleiche Art und Weise zusammengebaut wird.

Warum aber sehnen sich dann trotzdem so viele Eltern nach einer Art Bauplan, nach dem man das erfolgreichste, schönste, beste und klügste Kind zusammenschraubt? Um ein Kind zu erhalten, das später keine Probleme, Krankheiten, Arbeitslosigkeit und Unglücke erlebt?

Dahinter steckt sicher eine gut gemeinte Motivation. Man will doch nun wirklich nur das Beste. Und wenn man in der Kindheit alles richtig macht, bekommen die Tochter oder der Sohn später weniger Schwierigkeiten im Leben. Das klingt nicht dumm.

Ich habe gelesen, dass für viele Frauen bei der Erziehung die Angst im Vordergrund steht, eine Chance zu verpassen. Sie befürchten, ihr Kind nicht genug zu fördern, sodass es später den schwierigen Anforderungen des Erwachsenenlebens nicht gewachsen ist. Eine tiefe Furcht besteht häufig auch darin, dass andere Kinder mit weitaus weniger Begabung und Intelligenz am Ende schneller, fitter und erfolgreicher sind, bloß weil deren Eltern sie entsprechend früh gefördert haben. Das Leben ist ein einziger Wettbewerb, denken diese Eltern und geben ihre verhängnisvolle Erkenntnis an die schnell überforderten Kinder weiter.

Ich kann nicht ganz ausschließen, dass meine inzwischen zehn- und vierzehnjährigen Kinder nicht tatsächlich mehr hätten erreichen können, wenn ich ihnen jahrelang eine Geige an die Schulter gebunden oder sie dreijährig in eine Kaderschmiede für Geräteturner geschickt hätte. Wir werden es nie herausfinden. Als Mutter habe ich alle Möglichkeiten. Ich kann viele Angebote wahrnehmen und weitergeben. Oder auch nicht.

Ich wurde, als meine Erstgeborene ein Jahr alt war, von einer interessierten Mutter gefragt, ob meine Tochter denn laufen könne, Zeit sei es ja. Ich antwortete: Laufen? Sie würde bereits Ballettunterreicht bekommen, aber wir hätten jetzt keine Zeit zu plaudern, denn schon vor einer Viertelstunde hätte ihr Russischkurs begonnen und danach müsste sie noch in den Schachklub, da habe sie heute ein Simultanturnier zu absolvieren. Ich riet der Frau, sich jetzt keine Gedanken zu machen, falls ihr Kind noch nicht so weit sei. Gras wachse auch nicht schneller, wenn man daran zieht.

Ich weiß heute nicht mehr alle Entwicklungsschritte auswendig. Ich erinnere mich noch an ihr erstes Wort, aber nicht daran, wann der erste Brei gekocht wurde. Meine Tochter hat immer bezaubernd gelächelt, wenn ich ihr Haar nach dem Baden trocken geföhnt habe, aber wann sie ihr erstes Bad nahm, weiß ich nicht mehr. Genauso wenig erinnere ich mich an das genaue Datum, wann sie laufen oder einen Löffel halten konnte. Ich habe nicht Buch darüber geführt.

Sie kann heute mit 14 Jahren einwandfrei laufen, sprechen und allein essen. Wir sind immer noch begeistert darüber.

»PSST, SAMANTA DORME!«

Waren Sie schon mal in Italien im Urlaub? Und wenn ja, ist Ihnen auch aufgefallen, dass italienische Kinder immer noch mit einem riesigen Eis in der Faust in Restaurants oder auf öffentlichen Plätzen herumspringen, während alle anderen Kinder bereits seit Stunden im Bett liegen und schlafen? Falls Sie noch nie in Italien im Urlaub waren, haben Sie aber sicherlich schon mal davon gehört.

Ich kenne dieses Phänomen auch sehr gut, denn ich war eines dieser Kinder, die nicht vor Mitternacht ins Bett mussten.

Die ersten 18 Jahre meines Lebens bin ich mit meinen Eltern für die kompletten Sommerferien nach Italien gefahren, um dort mit meiner Familie und allen Verwandten den Urlaub zu verbringen.

Ich habe einen Haufen Cousinen und Cousins in Italien. In allen Altersstufen. Meine Cousine Samanta zum Beispiel ist drei Jahre jünger als ich. Sie hat noch einen vier Jahre älteren Bruder, Marco, der ein bisschen aussieht wie Eros Ramazotti. Der wiederum gilt in meiner italienischen Familie als übler Schnulzenheini. Marco war immer total fasziniert, dass der in Deutschland so beliebt ist. Marco vermutete völlig richtig, dass es daran liege, dass

»wir Deutschen« seine Texte nicht richtig verstehen. Aber ich schweife ab.

Die Reisen in den Süden folgten immer einem festen Ablauf: Ich musste mich jahrelang in Autos mit kaputtem Kühler quetschen, den man alle 300 Kilometer mit Wasser betanken musste, oder in andere mit Koffern und Plastiktüten überfüllte Familienkutschen steigen. Ich als Jüngstes von drei Kindern saß, weil mir vom Autofahren übel wurde, in der Mitte der Rückbank und konnte, weil ich diesen sensiblen Automagen hatte, weder lesen noch sonst irgendetwas tun, um mir die Fahrt zu verschönern. Zudem stopfte meine Mutter unsere orange Kühltruhe hinter den Fahrersitz, was zur Folge hatte, dass meine Schwester ihre Beine zu meinen in den Fußraum des Mittelplatzes streckte oder gleich leguanartig auf meinen Schoß legte. Da saß ich nun, schwitzend und gelangweilt, eingeklemmt zwischen meinen Geschwistern, die beide in ihren »Tim und Struppi«-Comics blätterten und mich ignorierten. In den Achtzigerjahren waren Klimaanlagen in Autos noch ein Luxus, den sich mein Vater nicht leisten konnte. So sehr ich den darauf folgenden Urlaub liebte, so sehr hasste ich folglich die Reise dorthin.

Italienische Männer, die lange Autofahrten mit ihrer Familie unternehmen, bestehen auf einer Vier-Sterne-Versorgung. Das bedeutete für meine Mutter, Lebensmittel für fünf Personen nebst Getränken, frisch gebrühtem Kaffee und knackigem Obst vorzubereiten und in einer Kühlbox zu verstauen, die jedoch nicht für diese ungeheuren Mengen gedacht war. Ich habe schon Italienfahrten mit Tupperdosen auf dem Schoß erlebt, die wir Stunde um Stunde mühsam ausbalancieren mussten, weil die Kühlbox voll war.

In regelmäßigen Abständen wurde an Tankstellen Rast

gemacht. Wir durften kurz die italienischen Tankstellen-Toiletten besuchen, was in den Achtzigerjahren kein wirkliches Vergnügen war, und Babbo trank einen kleinen Kaffee. Italiener sagen immer nur Kaffee und nicht Espresso, weil es die Unterscheidung zwischen Espresso und Kaffee in Italien nicht gibt.

Diese meist kurzen Reiseunterbrechungen wiederholten sich gefühlte 300 Mal, weil Babbo seinen Kaffee immer frisch genießen wollte und gerne dazu ein kleines Cornetto nahm. Oder ein Tramezzino, oder eine Pizza Romana oder eine kleine Bomba con crema. Das ist ein flacher Krapfen, der in Zucker gewälzt wird und eine sahnige Vanillecreme enthält, die einem beim Abbeißen die Mundwinkel herunterläuft. Durch die zahllosen Besuche italienischer Rasthöfe lernte ich schon in ganz jungen Jahren, dass sich meine Blase, meine Ungeduld, meine Mutter, der Kühler unseres Autos, einfach alles der Einnahme von Lebensmitteln unterordnen musste.

Es war jedes Jahr eine Art Befreiungsschlag für mich, wenn wir die bis zu 21 Stunden dauernde Fahrt hinter uns gebracht hatten und endlich in Termoli vor unserem Ferienhaus verschwitzt und müde aus dem Auto stiegen.

Hatten wir schon als Kinder in Deutschland immer wieder zu spüren bekommen, dass wir anders erzogen wurden und Freiheiten hatten, die deutsche Kinder nicht kannten, waren diese sechs Wochen in Italien trotzdem immer etwas Besonderes. Denn in den Augen von Nonna und allen Tanten und Onkeln waren wir vollwertige italienische Kinder, mit allen Privilegien, die Kinder dort genießen. Und das waren noch viel mehr als zu Hause.

In meiner Erinnerung liefen diese Urlaube immer gleich ab. Am ersten Tag, an dem ich in Termoli aufwachte, ging ich an den Strand und traf ein paar Verwandte. Ab diesem

Zeitpunkt sahen meine Eltern mich sechs Wochen lang nur noch zu den Mahlzeiten, die wir immer mit anderen Familienmitgliedern zusammen einnahmen. Es herrschte für mich die totale, vollkommene, absolute Freiheit über eineinhalb Monate. Ich durfte aufbleiben, so lange ich wollte, essen, was ich wollte, spielen, mit wem ich wollte, was ich wollte, und wurde darüber hinaus ständig abgebusselt, geknutscht oder von meinen Tanten tentakelartig festgehalten und gekniffen. Meine Eltern, vor allem mein Babbo, gerne auch »die 80-Kilo-Glucke« genannt, mussten sich nie Sorgen um uns machen, waren doch immer mindestens zwei verwandte Augenpaare auf uns gerichtet.

In der Familie meiner Tante Lia, »Zia Lia«, hatte ganz klar die jüngste Tochter Samanta, meine Cousine, die Hosen an. Sie leitete die Geschicke der Familie. Sie war zwar erst zwei Jahre alt, hatte aber Lia, ihren Vater Gennaro und ihren älteren Bruder Marco fest im Griff. Und nicht nur die.

Schlief meine kleine Cousine Samanta, durften alle Verwandten, Nachbarn und Freunde sowie deren Hunde nicht mehr laut reden, gehen oder atmen. »Psst, Samanta dorme«, wurde zum Synonym für Rücksichtnahme oder Terror, ganz wie man es empfand. Das Kind war heilig, sogar sein Schlaf.

Samanta schlummerte gerne und folgerichtig nach dem Mittagessen ein. Wie überhaupt meine ganze Familie nach dem »Pranzo« in eine Art Koma fiel.

Mittagsschläfchen kannte ich nur aus dem Kindergarten, und da war ich circa drei Jahre alt. So etwas wie das Sandmännchen gibt es in Italien übrigens nicht. Oder es gibt zwar eines, aber es kann leider nicht vorbeikommen, weil es in einer Bar steht und einen Kaffee trinkt oder einen Aperol-Spritz. Italienische Kinder gehen spät ins Bett. Sehr spät. In deutschen Elternaugen viel zu spät. Denn hier in Deutschland gilt immer noch die Regel, »der gesündeste Schlaf ist der vor Mitternacht«, und wenn man nicht genug Schlaf bekommt, kann man am nächsten Tag nichts leisten. Ich würde gerne wissen, was zweijährige Kinder eigentlich leisten sollen, aber das ist jetzt nicht so wichtig. Auf jeden Fall sind unausgeschlafene Kinder schlecht gelaunt, grätig und überfordert. Und wer will das schon.

Ich wurde schon mit einer vor Entsetzen schrillen Stimme gefragt, ob es denn nicht ein bisschen spät sei für ein so kleines Kind, wenn ich abends mit meinem Mann und meiner Tochter in einem Restaurant saß. Auch für meine Eltern wäre es undenkbar gewesen, uns Kinder zu Hause zu lassen, wenn sie ein Restaurant besuchen wollten, nur weil es spät werden könnte. Jahrelang hatten meine Geschwister und ich den Eindruck, dass es keine weiteren Kinder in unserer Stadt gibt als uns, weil wir immer die einzigen Menschen unter 1,40 Meter im Restaurant waren.

Mein Vater legte nicht nur in den Ferien, sondern auch zu Hause großen Wert darauf, dass wir als Familie zusammen aßen. »Siamo una famiglia«, sagte er immer. Und das galt auch für den Fall, dass wir nicht in unserem Esszimmer saßen, sondern in einem Gasthof. Dann waren wir eben später im Bett, aber wir hatten einen spannenden und schönen Abend.

Wir wurden an diese wechselnden Abendzeiten von Geburt an gewöhnt. Ich kann mich beim besten Willen nicht daran erinnern, jemals darunter gelitten zu haben, dass ich nicht jeden Abend um Punkt acht Uhr im Bett war. Dass man zu diesem Thema auch eine völlig andere

Einstellung haben kann, habe ich erst bemerkt, als ich selbst Mutter wurde.

Wenn ich nach sieben Uhr abends mit meiner Tochter irgendwo gesichtet wurde, passierte es häufiger, dass man mich fragte, ob denn meine Tochter nicht mal langsam ins Bett müsse. Ich fing irgendwann an, mir Sorgen zu machen. Vielleicht, so dachte ich, bin ich schlecht organisiert und eine miese Mutter, weil ich nicht immer zur exakt gleichen Zeit zu Hause war, um meine Tochter zu baden, in den Pyjama zu stecken und pünktlich in den Schlaf zu wiegen.

Ich möchte sicherheitshalber klarstellen, dass ich unsere Tochter natürlich regelmäßig abends ins Bett gebracht habe, allein schon, um ungestört mit meinem Mann den Tag ausklingen zu lassen. Nur hatte ich dabei keine Stoppuhr um den Hals hängen.

Überhaupt wurde und wird dem Thema Schlafen in Italien keine so große Bedeutung beigemessen wie hier in Deutschland. Italienische Kinder schlafen spät, wenig oder gar nicht, denken viele Deutsche wahrscheinlich. Vor Kurzem berichtete eine Freundin, wie sie schon als Kind fasziniert davon war, dass italienische Eltern ihre Kinder immer überall mit hinbringen. Keine Party, keine Familienfeier, kein Restaurantbesuch ohne Bambini. Egal, ob es elf Uhr vormittags ist oder abends. Da werden müde Kleinkinder einfach stundenlang getragen und weitergereicht, wenn einem der Arm schwer wird.

Es ist auch beileibe nicht so, dass alle Kinder sich deshalb wie der kleine Lord benehmen, aber natürlich sind sie es gewohnt, immer dabei zu sein, und geben sich daher auch meistens pflegeleicht. Da auch immer rudelweise andere Kinder dabei sind, langweilen sich die meisten auch nicht und spielen miteinander. Sobald sie müde werden, melden sie sich bei ihren Eltern, die gerade beim dritten von sieben Gängen sind, und werden auf den Schoß genommen, wo sie dann selig einschlafen und auf einem freien Stuhl, Schoß oder einer Bank abgelegt werden.

Die von den Deutschen immer wieder viel bewunderte Kinderfreundlichkeit fängt genau hier an. Es ist normal und absolut erwünscht, dass man seine Kinder mitbringt. »La famiglia« ist in Italien traditionell das Wichtigste. Dann kommt das Essen. Kinder und ihre Kindlichkeit finden in Italien eine größere Akzeptanz. Das gilt sowohl für ihre anstrengenden als auch für ihre liebenswürdigen Seiten. Da in Italien die Lautstärke menschlicher Wesen grundsätzlich schon mal höher ist, fallen die negativen Folgen auch weniger auf. Stille ist dort kein wünschenswerter Zustand. Also sind Kinder, die Geduld und strapazierfähige Ohren erfordern, nicht problematisch. Im Gegenteil: Ein in sich gekehrtes stilles Kind bereitet seiner Umgebung Sorgen oder macht ihr sogar Angst. In Deutschland habe ich hingegen oft den Eindruck gewonnen, dass nur leise Kinder gute Kinder sind. Es handelt sich dabei um kleine Menschen, die sich bereits im Krabbelalter still und genügsam stundenlang mit sich selber beschäftigen. Eltern betonen besonders gerne, dass ihre Kinder so wunderbar zufrieden sind und dass sie vor allem niemals brüllen, weinen oder schreien. Die besten deutschen Kleinkinder sind quasi stumme, nur nach Aufforderung sich äußernde Wesen. »Wir hatten wenig Probleme mit unseren« ist eine besondere Auszeichnung, die deutschen Kindern gerne verliehen wird. Ich weiß, dass ich übertreibe, aber danke für den Hinweis.

Trotzdem bin ich froh, dass diese Form der Anerkennung in Italien keine Rolle spielt. Neapolitanische Kinder sind nicht leise, also erwartet man von ihnen auch nicht, sich still zu beschäftigen. Italiener haben größere Nehmerqualitäten in Bezug auf ihre Kinder. Die Familienbande sind enger, da muss der Einzelne auch mehr aushalten. Das ist genetisch bedingt.

Ich werde seit vielen Jahren immer und immer wieder gefragt, warum erstens italienische Kinder so spät ins Bett gehen und zweitens, wie das mit den Schlafenszeiten funktioniert, wenn sie die Schule besuchen, dann müssten die armen übermüdeten kleinen Südländer doch todmüde sein.

Die Antwort ist denkbar einfach: Italienische Kinder schlafen einfach weniger als deutsche Kinder. Raffaele, der Sohn meines Freundes Massimo beispielsweise ist neun Jahre alt und geht in den Sommerferien nicht vor zwei oder drei Uhr nachts schlafen. Aber er legt sich, wenn es heiß ist, am nächsten Tag zu einem Mittagsschläfchen hin. Oder er schläft morgens länger. Während der Schulzeit läuft es ähnlich. Die Kinder gehen auch da spät ins Bett. Sicherlich nicht um drei Uhr früh, aber auch nicht pünktlich um acht. Die Schule in Italien fängt erst um halb neun an. Wenn Raffaele also um elf Uhr abends ins Bett geht und um sieben Uhr morgens aufstehen muss, kommt er auf acht Stunden Schlaf. Und das reicht ihm und den meisten anderen italienischen Kinder auch.

Meine Freundin Alessandra berichtete mir entsetzt von Nachbarn, die ihre Kinder jeden Abend pünktlich um sechs ins Bett bringen, sodass sie um halb sieben schlafen. Wenn diese Kinder jetzt bis etwa acht Uhr morgens schlafen, seien das ja über dreizehn Stunden, in denen man sich quasi nicht sieht.

Sie ist der festen Überzeugung, dass mit den Kindern irgendwas nicht stimmen kann. Oder mit den Eltern.

Ich werde oft gefragt, warum die Italiener so kinderfreundlich seien und die Deutschen nicht. Ich finde aber nicht, dass Deutschland ein kinderfeindliches Land ist. Ich habe nicht die Erfahrung gemacht, dass meine Kinder schlecht behandelt werden oder man ihnen das Gefühl gibt, nicht erwünscht zu sein. Die Deutschen sind sehr kinderfreundlich. Und nur, weil sie nicht immer gleich wie eine Sardische Großmutter ausrasten, wenn sie ein Kind in einem Kinderwagen sehen, heißt das nicht automatisch, dass sie keine Babys mögen. Im Gegenteil. Sie machen, was sie gut können. Sie kümmern sich: Gründen private Elterninitiativen, wenn es keine Kindergärten gibt. Produzieren das schönste Kinderspielzeug der Welt. Stellen die schönsten Kuscheltiere her, die man sich vorstellen kann, und sorgen sich sehr um benachteiligte Kinder. Fragen Sie mal italienische Eltern danach. Die Deutschen lieben Kinder sehr, sie zeigen es nur ein klein wenig anders.

»Mama, hast du meine Wäsche schon gebügelt?«

Die Natur kennt Nesthocker und Nestflüchter. Nesthocker sind junge Wirbeltiere, die nach der Geburt noch längere Zeit bei ihren Eltern leben. »Sie genießen eine in der Regel durch instinktive Mechanismen gesteuerte Brutpflege.« Nestflüchter kommen sehr weit entwickelt zur Welt und verlassen unmittelbar nach dem Schlüpfen beziehungsweise nach der Geburt das Nest. Sie können sich im Prinzip sofort allein in ihrer Umwelt zurechtfinden. Sie werden allerdings häufig und unter Umständen noch wochenlang von erwachsenen Tieren beschützt und gefüttert.

Diese Definition habe ich in einem Lexikon gefunden, und nichts könnte die Unterschiede zwischen italienischen und deutschen Kindern besser beschreiben. Denn italienische Kinder springen zwar bis nachts um zwölf mit einem Eis in der Hand über die Piazza, sind aber im Erwachsenenalter absolute, totale und völlige Nesthocker. Schon vorher werden die lieben Kleinen vom ganzen Dorf bewacht wie Fabergé-Eier. Bedrohungen wie Treppen oder Werkzeuge wie Messer oder Hammer lernen italienische Kinder erst im Laufe ihrer Jugend kennen. Die ersten Jahre erleben sie ihre Umwelt als einen weichen, plüschigen Mikrokosmos ohne harte und gemeine Gegenstände.

Sie werden in den ersten Jahren ausschließlich getragen, und wenn sie tatsächlich laufen können und auch wollen, findet das nur an der sicheren Hand von Mama oder einem anderen nahen Verwandten statt. Gefahrenquellen wie Tische in Kopfhöhe des Kleinkindes werden entfernt oder aber nicht mit dem Schützling allein im Raum gelassen. Nicht dass der Tisch das Kind noch anfällt. Man hat ja schon vieles gehört.

In diesem Zusammenhang möchte ich kurz abschweifen und den Unterschied zwischen Deutschen und Italienern anhand eines kleinen Beispiels verdeutlichen: Deutsche Familien würden nie auf die Idee kommen, das Wohnzimmer leer zu räumen oder das Kind monatelang um die Möbel herumzutragen, um ihren Laufen lernenden Sprössling vor Beulen zu schützen. Sie besorgen sich stattdessen tonnenweise Schaumgummi und polstern damit ihre Tische, Türzargen und Sitzmöbel, bis die Wohnräume aussehen wie Gummizellen. Nicht dass Italiener das unpraktisch fänden, es sieht nur grauenvoll aus und kommt schon alleine deshalb nicht infrage. Aber zurück zu den Vorsichtsmaßnahmen der italienischen Mütter.

Die meisten italienischen Mütter, die ich kenne, achten die ersten zwei Jahrzehnte stets darauf, dass ihre Kinder sich nicht übernehmen, verausgaben oder gar verletzen. Sie haben Ängste, vor allem nützliche Tätigkeiten wie handwerkliche Arbeit betreffend, die den Deutschen völlig absurd erscheinen, und entwickeln infernale Katastrophenphantasien darüber, wie und wo etwas schiefgehen könnte und auf welche Weise ihre Leibesfrucht in diesem Szenario Schaden nehmen könnte. Als ich unserem damals vierjährigen Sohn ein Kindermesser kaufte, drohte meine Nonna mir mit dem Jugendamt. Diese Kindermesser, muss ich vielleicht erklären, sind so stumpf, dass man damit höchstens mühevoll die Rinde von abgebrochenen Ästen abkratzen kann. Falls ich mir damit die Pulsadern aufschneiden wollte, müsste ich mir viel Zeit nehmen. Der Notarzt könnte zu Fuß zum Einsatzort kommen, auf dem Weg noch Krieg und Frieden lesen und käme immer noch rechtzeitig, um mich zu retten. Kurz gesagt: Von diesem Kindermesser ging keinerlei Gefahr aus. Aber für meine Nonna ist Messer gleich Messer, und das ist nun mal eine hochdramatische Angelegenheit. Spontane Theorie: Vielleicht essen die italienischen Kinder ja die ersten Jahre nur Nudeln, weil man dafür kein Messer braucht?

Auch Gläser sind tabu, genauso wie Feuerzeuge, Korkenzieher, Töpfe, Pfannen – überhaupt, die ganze Küche ist eine Art mystische Todeszone für Kinder. Werkzeug sehen italienische Kinder in den ersten Jahren nur aus der Ferne oder in Büchern. Das ist in Deutschland ganz anders.

In Waldkindergärten werden den Zöglingen sofort Sägen, Hämmer und anderer Baumarktkram ins Händchen gedrückt. Und erstaunlicherweise verletzen sich die Kinder nicht nennenswert. Außer kleinen Wunden, die man mit einem Pflaster verarzten kann, entstehen keine Beschädigungen, die man sich nicht auch beim Klettern oder Hinfallen hätte zuziehen können. Als Alessandra von diesen »Zuständen« in deutschen Waldkindergärten hörte, war sie fassungslos. Sie wollte nicht glauben, dass die kleinen Handwerker sich nicht auch aus Versehen mal einen Arm abschneiden oder einen Fuß amputieren. Diese Eltern würden doch fahrlässig handeln und man müsse einschreiten. Sofort.

Ein ganz wesentliches italienisches Erziehungsmotto

lautet also: »Verhindern und bremsen«, (neben »Meine Bambini sind Besten«). Eine Abwehrtaktik, die auf wundersame Weise auch Eingang in die Trainingslehre der italienischen Fußballnationalmannschaft findet. Aber egal. Jedenfalls werden die Kinder ununterbrochen davon abgehalten, überhaupt auf die Idee zu kommen, gefährliche Präzisionsgeräte zu bedienen. Und wenn Sie einem Individuum nur oft genug sagen, dass es etwas nicht kann und nicht soll, weil es zu gefährlich ist, dann fasst es irgendwann auch nichts mehr an, das mechanisch oder elektronisch ist, aus Metall gefertigt wurde oder Klingen und Sägeblätter hat. Das führt dann leider dazu, dass sich diese armen Menschen handwerklich nichts zutrauen. Der Vorteil dieser anerzogenen Unselbstständigkeit für die Eltern liegt auf der Hand. Sie werden ein Leben lang gebraucht. Antonella kann natürlich keinen Nagel in die Wand schlagen, weil Babbo das immer gemacht hat und ein Hammer doch auch viel zu gefährlich für »la piccola« Toni ist. Und wenn der arme Enrico nun mal einfach nicht weiß, wie man Wäsche bügelt und wie die Waschmaschine funktioniert, dann muss man ihm doch helfen. Und Mama und Papa helfen gerne.

Derart unselbstständige Kinder müssen natürlich auch so lange wie möglich im trauten Schoß der Familie bleiben. Dort, wo sie sicher und geborgen sind.

Eine Antonella oder ein Enrico wohnen also bei den Eltern, bis eines Tages eine schöne Frau auftaucht oder ein stattlicher Prinz am Haus vorbeireitet und sich mit der Hochzeit der Kreis schließt. Dass junge Erwachsene anschließend nur von einem Hochsicherheitstrakt in den nächsten wechseln, nämlich die Kontrolle durch die Eltern gegen die durch die Ehepartner ersetzen, ist der italienische Lauf der Dinge.

Der Ablösungsprozess dauert deshalb auch ungleich länger als in deutschen Familien. Ich hörte von Münchner Bekannten, dass sie, als das letzte Kind zum Studium in eine weit entfernte Stadt zog, ein Fest veranstalteten und sich sofort Gedanken machten, was man jetzt alles mit dem tollen großen Zimmer der Tochter anstellen könnte. Sofort wurden Reisepläne geschmiedet und über Sex am helllichten Tag diskutiert. Von Wehmut keine Spur. Italienische Eltern tun sich da wesentlich schwerer. Meine Tante beispielsweise rief ihren Sohn nach seinem Auszug täglich zwei- bis dreimal an, um zu hören, ob es ihm denn gut ginge. Erst seine Ehefrau machte dem Spuk ein Ende, indem sie immer ans Telefon ging, wenn die Nummer der Schwiegermutter auf dem Display des Telefons erschien. Es begann ein zäher Kampf um die Vorherrschaft der weiblichen Führung im Haus meines Cousins. Rief meine Tante morgens an, war ihr Sohn im Bad und konnte gerade nicht. Klingelte das Telefon mittags, wurde gerade gegessen, und die Pasta soll ja nicht kalt werden. Abends war immer ein ganz besonders schlechter Zeitpunkt, um ihn zu erreichen, weil er da noch arbeitete, und am Wochenende musste er sich ausruhen. Nach einigen Monaten sah meine Tante schließlich ein, dass ihr Sohn jetzt eine neue Mama hatte, die für ihn sorgte, kochte, putzte und wusch. Sie warf das Handtuch aber nicht, ohne hin und wieder stichelnde Bemerkungen zu machen, wenn sie ihren Sohn sah, der sehr, also wirklich sehr dünn sei, ob es denn nichts Ordentliches zu essen gäbe? Und er müsse unbedingt mal wieder nach Hause zu Mama kommen, dann würde sie ihm seine Lieblingspasta kochen und er könne sich richtig satt essen.

In den letzten Jahren hat sich zu der traditionellen Nesthocker-Attitüde noch eine andere, sehr unschöne Entwicklung ergeben, die junge Menschen in Italien dazu zwingt, so lange wie möglich zu Hause zu wohnen: Die schlechte Wirtschaftslage führt in Italien zu einer enormen Jugendarbeitslosigkeit. 2011 waren etwa neun Prozent der deutschen Jugendlichen ohne Arbeit, in Italien dreimal so viele, nämlich 27 Prozent. Diese Perspektivlosigkeit ist heute sicherlich einer der schwerwiegendsten Gründe, warum viele so lange wie möglich zu Hause wohnen.

Als ich 1990 auszog, weinte mein Vater bittere Tränen. Meine Mutter räumte mein Zimmer leer und machte daraus ein zusätzliches Fernsehzimmer.

Ich lasse mir aber heute noch Essen von meinen Eltern schicken, weil niemand meinen geliebten Sauerbraten so hinbekommt wie meine Mama. Wenn ich zu Hause bin, fragt mein Papa immer noch, ob ich auch genug esse und schlafe und ob mein Mann auch nett zu mir ist. Aber ich kann auch mit einer Bohrmaschine umgehen, Wände verputzen, malern, im Haushalt alles Mögliche reparieren und bin der beste Fleckenentferner der Welt. Und eins ist sicher: Wenn meine Tochter oder mein Sohn mich irgendwann verlassen, weil sie ausziehen wollen, sterbe ich vor Kummer. Ganz bestimmt.

»IST IHR KIND SAUBER ODER DRECKIG?«

Kinder haben ihre Körperfunktionen noch nicht im Griff, wenn sie auf die Welt kommen. Und es dauert dann auch ein Weilchen, bis sie alleine auf die Toilette gehen können (und noch ein Weilchen länger, bis sie sich danach die Hände waschen. Manche lernen das nie). In Weltgegenden, wo Naturvölker noch weitgehend unbekleidet herumlaufen, weil es dort auch ziemlich warm ist, verschmutzen Kinder immerhin keine Unterwäsche. Da wir hier in Europa aber aus klimatischen Gründen die Kulturtechnik des Warmanziehens bevorzugen, ist das Thema bei uns etwas komplizierter. Also kam irgendwann jemand auf die Spitzenidee und erfand die Windel. Seither können es kleine Kinder locker angehen und einfach »laufen lassen«. Wenn es dann unangenehm feucht um die Beine wird, muss Mutti eben trockenlegen. So weit, so gut.

Früher gab es keine sogenannten »Wegwerfwindeln«. Unsere Großmütter benutzten noch Stoffwindeln, die nach Gebrauch von groben Verunreinigungen per Hand befreit und anschließend ausgekocht werden mussten. Dann konnte man irgendwann immerhin Wegwerf-Einlagen kaufen, die unsere Mütter passend für die kleinen Popos zuschneiden und in eine Windelhose aus Gummi legen mussten. Ein Amerikaner erfand schließlich die Wegwerfwindel, wie man sie heute kennt. Er war bereits Großvater und sollte für das Unternehmen, für das er tätig war, neue Produkte suchen, nachdem seine Firma eine Papierfabrik aufgekauft hatte. Deshalb verwendete er in seiner Einmal-Windel als Saugmaterial klein gehäckseltes Papier, das viel Flüssigkeit aufnehmen konnte.

Der große Durchbruch in der Windelindustrie bestand Ende der Achtzigerjahre in einem krümeligen Pulver, das aufquillt, wenn es mit Flüssigkeit in Berührung kommt. Es ist in der Lage, literweise von meinem Kleinstkind persönlich gefilterten Kräutertee oder Apfelschorle aufzunehmen.

Als unsere Kinder klein waren, blätterte ich einmal interessiert beim Kinderarzt in einer Fachzeitschrift und las dort, dass eine normale Windel bis zu zwölf Liter Flüssigkeit aufsaugen kann. Ich war hingerissen ob dieser technischen Leistung und überlegte sofort, das mal an meiner Tochter zu testen, aber mein Mann verbot mir Experimente mit seinem Kind.

Diese Windeln waren also über Jahre meine ständigen Begleiter. Wenn ich das Haus verlassen wollte, griff ich nicht automatisch nach meinem Schlüssel oder dem Mobiltelefon, sondern in meine Umhängetasche nach einer Windel. Unsere Tochter hatte keinerlei Probleme mit ihrem Polster. Im Gegenteil, es war im gut gefüllten Zustand sogar nützlich, wenn sie einmal von der Schaukel fiel oder der Nachbarssohn sie schubste. Trotzdem freute ich mich auf den Tag, an dem ich das Geld, das ich bisher für die Windeln ausgegeben hatte, für andere lebenswichtige Dinge, wie zum Beispiel schöne Schuhe, auf den Kopf hauen könnte. Ich hatte allerdings keine Ahnung, wie stark sich andere Familien mit der Vorstellung beschäftigten, so bald wie möglich ohne Windeln zu sein. Im Gespräch mit anderen Eltern wurde mir bald klar, dass nicht alle so fröhliche Windelfans waren wie ich.

Alessandra erzählte mir von einer völlig verzweifelten Mutter, die jetzt schon das dritte Töpfchen ausprobierte. Eines davon würde »Alle meine Entchen« abspielen, sobald etwas Pipi in den Topf käme, und ein anderes hätte ein Lenkrad mit Hupe. Sie war schon ganz verzweifelt, weil doch ihr Leopold mit seinen dreieinhalb Jahren immer noch nicht »sauber« wäre, und fragte Alessandra, ob sie einen Rat hätte. Nee, habe sie geantwortet, warum sie nicht einfach abwarten würde? Aber das ginge doch nicht, denn Leopold sei schon im Kindergarten angemeldet, und wenn sie den Platz jetzt weggeben würde, weil er noch nicht »so weit« ist, dann müsse er womöglich in den viel schlechteren Kindergarten, und das ginge gar nicht.

Eine andere Mutter erklärte mir, sie hätte ihr Kind einfach so lange auf den Topf gesetzt, bis was gekommen sei, und hätte es dann mit Gummibärchen belohnt. Diese Strategie habe sie wochenlang verfolgt, ohne den erwarteten Erfolg. Bei der großen Schwester sei es so einfach gewesen, da hätte man nur wenige Wochen immer mal wieder mit ihr über das Thema sprechen müssen, bis die Ankündigung, dass bei Erfolg eine heißersehnte Feenbarbie am Start sei, den Durchbruch gebracht habe.

Es gibt, wie mir aus meinem Bekanntenkreis berichtet wurde, auch Kleinkinder, die ganz ohne Windel aufwachsen. Diese Methode baut darauf, dass man erkennt, wann ein Baby muss, und dann entsprechend darauf reagiert. Ich nehme an, mit »entsprechend« ist »möglichst schnell« gemeint.

Auch das wird in Italien ganz anders angepackt. Nämlich gar nicht. Wie wir wissen, bremsen italienische Mütter die Entwicklung ihrer Kinder gerne. Wollen deutsche Eltern nichts mehr als selbstständige Kinder, wollen italienische Eltern nichts mehr als das Gegenteil. Das bedeutet in Bezug auf die Windelentwicklung, dass eine neapolitanische Mutter sich natürlich freut, wenn ihr Sprössling den ersten amtlichen Haufen in sein Töpfchen macht, es für sie aber keine Rolle spielt, wann er das gedenkt zu tun. Dieser süditalienische Wunsch, möglichst lange am Rockzipfel der Mutter hängen zu bleiben und die Kinder bei sich zu behalten, ist sicherlich einer der grundsätzlichen Erziehungsunterschiede zwischen Italien und Deutschland.

Dieser Unterschied manifestiert sich auf verschiedene Weise, wie man im vorigen Kapitel zum Thema handwerkliches Geschick und eigener Haushalt bereits nachlesen konnte, lässt sich aber besonders gut bei der »Sauberkeitserziehung« beobachten. Die italienische Sprache hat für dieses Wort nicht mal eine Entsprechung.

Der Weg in die Selbstständigkeit führt, glücklicherweise nur unter anderem, über die Kontrolle der eigenen Ausscheidungen. Und nichts macht deutsche Mütter stolzer, als verkünden zu können, dass ihr kleiner Prinz unabhängig ist. Damit ist er auf dem richtigen Weg. Die anderen Kinder sind zwar nicht unbedingt auf dem falschen Weg, aber eben noch nicht so weit, und das macht deutsche Mütter manchmal sehr gravitätisch.

In einer größeren Runde mit einigen Müttern wurde einmal diskutiert, wann der richtige Zeitpunkt wäre, um seinem Baby die Windel zu entziehen. Dabei unterboten sich die Mütter gegenseitig mit dem Eintrittsalter ihrer Kinder ins windelfreie Leben. »Was? Erst mit vier? Unsere Tochter war höchstens zweieinhalb, als sie ›sauber‹ wurde. Dann wird es aber höchste Zeit.« Die Gewinnerin war am

Ende eine Mutter mit einer 18 Monate alten Tochter, die in diesem Alter schon die Toilette benutzte. Die Tatsache, dass ein 18 Monate altes Mädchen in der Lage ist, ihren Stuhl- und Harndrang zu kontrollieren, wurde von dieser Mutter tatsächlich als herausragende Leistung empfunden. Ich würde gerne wissen, ob diese Eltern, wenn ihr Kind heiratet, es in ihrer Hochzeitsrede dann dafür loben, dass es so früh »sauber« war.

Was mich wundert, ist dieser Ausdruck: »sauber werden«. Bedeutet das im Umkehrschluss, dass Kinder mit Windel »dreckig« sind?

Auf jeden Fall ist das Windelthema ein Topos, der Mütter enorm bewegt. Auch ich wurde immer wieder gebeten, die Eckdaten meiner Kinder parat zu haben und herunterzuspulen, wann wer laufen, sprechen und eben alleine aufs Klo gehen konnte.

Unser Sohn war wie ich ein großer Windelfan und trug auch im Kindergarten weiterhin seine geliebte Windel. Er machte lange keine Andeutungen, diesen Zustand zu ändern. Wir haben uns irgendwann gefragt, ob seine Freundin, wenn er dann 16 sei, vielleicht seine Windeln wechseln würde, trauten uns aber nicht, ihn danach zu fragen.

Unsere Tochter erklärte uns eines Tages, sie sei ab jetzt dann groß und könne genau wie wir auf die Toilette gehen und bräuchte keine Windel mehr. Ich verschenkte die letzte Packung an eine Nachbarin und war ab diesem Tag nicht mehr zuständig für die Stoffwechseltätigkeit meiner Tochter. Das sei ja toll, erklärte mir eine Mutter aus dem Kindergarten. Wie wir das gemacht hätten, dass das so schön klappt mit dem »Sauberwerden«. Ich sagte, wir hätten gar nichts gemacht. Ich könne ja schon ganz gut alleine auf Toilette gehen, und auch mein Mann hätte schon länger keine Windel mehr. Und unser Kind hätte da auch nicht viel gemacht, außer uns mitzuteilen, dass wir jetzt offiziell raus seien aus dem Windelgeschäft.

Aber vielleicht hätte ich mich doch mehr engagieren sollen? Wer weiß, vielleicht wird sie noch Vorstandsvorsitzende bei einer großen Bank und ich könnte bei der Feier zu ihrer Ernennung sagen: »Wir haben immer gewusst, dass du mal Erfolg haben wirst, weil Du schon mit 15 Monaten nicht mehr in die Hose gemacht hast.«

»DER SCHNULLER FLIEGT JETZT OBEN IM HIMMEL«

Ähnlich erheiternd wie der Windel-vs.-Töpfchen-Diskurs ist die Schnuller-Frage. Wenn Sie eine Runde junger Mütter innerhalb von wenigen Minuten zum Schäumen bringen wollen, bringen Sie das Thema einfach darauf, wer seinen Kindern einen Schnuller besorgt hat und wer nicht. Sie werden sehen, sofort überschlagen sich die Frauen, Mütter und Meinungen, warum man seinen Kindern diese Dinger auf gar keinen Fall geben dürfe – oder warum gerade doch. Es gibt Eltern, die sich darüber ereifern, wie ungesund und vor allem total unnatürlich es sei, seinem Kind so ein Stück Industrieplastik in den Mund zu rammen. Man könnte fast meinen, dass alle Eltern, die Schnuller zulassen, verantwortungslose Büttel der Erdölindustrie sind.

Uns wurde die Entscheidung zum Glück abgenommen. Denn unserer Tochter wurde bereits im Krankenhaus von einer dortigen Fachkraft ein winzig kleiner Schnuller in den Mund gesteckt, an dem sie sofort selig nuckelte. Davon ausgehend, dass das alles seine Richtigkeit hatte, wurde ich also Mutter eines Schnullerkindes.

Bald musste ich feststellen, dass unter den Müttern, die ich kannte, ein regelrechter Anti-Schnuller-Virus grassierte. Alessandra und ich trauten uns mit den Kinderwagen kaum mehr in bestimmte Gegenden, weil wir Angst hatten, geteert und gefedert zu werden, sobald unsere Babys mit ihren Gummisaugern im Gesicht gesehen wurden. Diese Plastikdinger waren aber auch immer so auffällig und bunt, dass wir uns fragten, ob man das Ganze nicht ein bisschen unauffälliger gestalten könnte.

Alessandra wusste Rat und brachte mir eines Tages einen italienischen Schnuller mit. Die sahen ein wenig anders aus als jene, die es damals in Deutschland zu kaufen gab. Sie waren hellbraun und durchsichtig, der ganze Schnuller bestand aus einem weichen, hautfarbenen Gummimaterial. So konnte man einigermaßen sicher und ohne große Diskussionen über die Straße kommen.

Unsere Tochter liebte ihre Schnuller. Sie benutzte sie zum Schlafen und zum Spielen, und sie ließ sich damit trösten. Sie besaß sogar eine Schnullerkette, an der man den Gummisauger befestigen konnte und die dafür sorgte, dass sie den Beruhigungssauger nicht verlor. Unsere Tochter war circa zwei Jahre alt, als mich Mütter immer mal wieder fragten, wie lange ich denn noch gedächte, meinem Kind dieses hässliche Plastikding zu geben. Im Laufe des nächsten Lebensjahres kamen die Fragen häufiger und wurden drängender. Manchmal hieß es auch: »Schauen Sie mal, ich glaube, Ihre Tochter hat einen Überbiss, das muss an dem Schnuller liegen, vielleicht sollten Sie dieses schreckliche Ding wegwerfen«.

Erst als ich ungefragt die ersten Bücher zu diesem Thema angeboten bekam, mit Titeln wie: »Tschüß mein kleiner Schnuller«, oder »Florentina, die Schnullerfee«, dachte ich, das ist jetzt nix mehr mit Nachtigall ick hör dir trapsen, sondern eher Nachtigall, die mit Zementschuhen auf einem Metallgitter herumtrampelt – vielleicht sollte ich das Thema mal mit unserer Tochter besprechen.

Zum Glück hat man für diese Gespräche in Deutschland die Schnullerfee eingeführt. Die Schnullerfee ist die beste Freundin der Zahnfee. Beide sind geschickte Biester, die zwar haufenweise Zähne oder Schnuller einsacken, den Kindern im Austausch dafür aber auch kleine Geschenke hinterlassen. Die Zahnfee kommt aus Amerika und bezahlt die Kinder für ihre Zähne. Die Schnullerfee ist meines Wissens eine deutsche Erfindung und wesentlich materialistischer eingestellt – sie tauscht nur Ware gegen Ware. Die Schnullerfee wird über Wochen anmoderiert, indem man zunächst nur fallen lässt, dass es sie gibt. Etwas später teilt man mit, dass die freundliche Fee die Schnuller für die Tiere im Wald braucht. Noch einmal zwei Tage später setzt man schließlich das Sahnehäubchen obendrauf und kündigt an, die Schnullerfee werde für die erhaltenen Schnuller höchstpersönlich, aber heimlich nachts ein Geschenk vorbeibringen.

Ich hörte von einer dänischen Freundin, dass es dort Tradition sei, dass Kinder ihren Schnuller an einen Schnullerbaum hängten und diesen jederzeit wieder besuchen könnten, sodass ihnen der Abschied nicht so schwerfiele. Aber wo wir wohnten, gab es keine Bäume, die sich als geeignet erwiesen. Also entschied ich mich, die gute alte Schnullerfee zu bemühen. Ich fand die ganze Lügerei zwar komisch und war froh, die Windelfrage vor einigen Monaten im Gespräch von Frau zu Frau gelöst zu haben, aber zum Zweck der Schnullerentwöhnung fand ich dieses Mittel akzeptabel. Als ich unserer damals viereinhalbjährigen Tochter diese ganze Schnullerfee-Sache erklärte und merkte: Ich erzähle meinem Kind tatsächlich, dass es eine Frau gibt, die im Wald lebt und total auf alte, stinkende Beruhigungssauger steht, fiel mir auf, wie fadenscheinig diese Geschichte wirken musste.

Nachdem unser Kind dann misstrauisch nachhakte, diese Dame würde also echt alle angeranzten, alten Schnuller hernehmen und den Rehen schenken und brächte ihr dafür ein nigelnagelneues Kuscheltier?, zögerte sie keine Sekunde und schlug ein. Ich war überrascht und begeistert. Die braunen Beruhigungssauger gehörten ab diesem Tag der Vergangenheit an, denn unsere Tochter benutzte danach einfach ihren Daumen statt eines Schnullers.

Ich überlegte nun, wie ich ihr auch das Daumenlutschen abgewöhnen könnte und erwog zunächst die Erfindung der Daumenfee. Allerdings war mir schnell klar, dass unsere Tochter dann vermutlich auch für die restlichen neun Finger Feenbesuch und Geschenke erwarten würde. Und das lag nicht im Budget. Dann kam mir die rettende Idee. Ich besorgte in einer Apotheke ein Anti-Nägelkau-Mittel, das man wie Nagellack auf die Fingernägel streicht und wahnsinnig eklig und bitter schmeckt, sobald man die eingepinselten Finger in den Mund nimmt.

Ich erklärte unserer Tochter, dass die Schnullerfee sauer sei, weil sie statt des Schnullers nun den Daumen zum Nuckeln nähme. Die Fee werde ihr daher des Nachts die Daumen verzaubern. Unsere Tochter meinte siegessicher, die dusselige Schnullerfee hätte doch, was sie wolle. Die traue sich doch eh nicht aus dem Wald, dann müsse sie ja auch in ihr Zimmer kommen, und das wäre doch viel zu gefährlich.

Dann pinselte ich unserer schlafenden Tochter die Nägel mit dem bitteren Zeug ein und wartete ab. Es war noch nicht ganz hell, als ich einen gellenden Schrei aus dem Kinderzimmer hörte. Unsere Tochter beschwerte sich laut und deutlich, man habe ihr die Daumen verzaubert, und jetzt könne sie nicht mehr daran nuckeln. Sie war geschockt, aber auch beeindruckt. Am Ende gewannen dennoch ihre Terrierqualitäten die Oberhand, denn sie überwand ihren Ekel und schleckte den bitteren Geschmack tapfer vom Daumen, um ihn dann fröhlich und zufrieden im Mund zu behalten. Die Schnullerfee und ich hatten verloren.

In Italien gibt es keine Schnullerfee, aber auch keinen Trennungsschmerz, wenn der Schnuller abgegeben werden soll. Woran das liegt? Ganz einfach, italienische Kinder müssen ihren geliebten Schnuller nicht abgeben. Sie dürfen so lange mit dem Sauger herumlaufen, bis sie ihn selbst nicht mehr wollen. Ich habe schon Schulkinder mit Schnuller herumlaufen sehen, aber dort stört das niemanden.

Unser Sohn hat seine Schnuller gegen ein Fahrrad eingetauscht. Es war blau und sein ganzer Stolz. Er sagt noch heute, dass die Schnullerfee ein ganz schlechtes Geschäft gemacht hat.

»MEIN MORITZ TUT SO ETWAS NICHT« ODER: DAS BESTE KIND VON ALLEN.

Der ganze Kindergarten steht unter Wasser. Irgendjemand hat die Hähne aufgedreht, und nach einer halben Stunde sind die kleinen Waschbecken mit den Delphinen drauf übergelaufen. Nun steht außer sehr viel Wasser auch die Frage im Raum, wer da seine kleinen Hände im Spiel hatte.

Der kleine Moritz aus der Bärengruppe ist von einer Praktikantin beobachtet worden, wie er fluchtartig zur Tatzeit den Waschraum verließ. Als Moritz' Mutter in den Kindergarten kommt, um ihren Sprössling abzuholen, und freundlich gefragt wird, ob man kurz mit ihr und Moritz sprechen könne, wird es schlagartig kühl im Vorraum des Spielzimmers. Worum es denn ginge? Die Kindergartenleiterin erklärt der Mutter die Sachlage. Moritz' Mutter stimmt einer Befragung ihres Sohnes nicht zu, weil das bereits einer Vorverurteilung gleichkäme. Sie kenne sich da aus, sie sei nämlich Anwältin in der Kanzlei Sowieso und Partner und in diesem Fall Strafverteidigerin ihres Sohnes. Denn auch wenn Moritz es nicht gewesen sei, wovon sie ausgehe, weil Moritz solcherlei Unfug nicht treibe, ließe sich der Makel dieser unglaublichen Anschuldigung nicht mehr von dessen kleinen weißen Weste waschen. Man könne nicht sicher sein, dass diese falschen Anklagen ihrem Sohn später bitter schaden würden, wenn er zum Beispiel Bundespräsident oder wenigstens Ministerpräsident werden wolle. Die Beschädigung seines Leumundes durch freche Unterstellungen subalterner Erziehungskräfte sei also nicht nur infam, sondern direkt unerträglich.

Moritz versucht unterdessen seine klatschnassen Pulloverärmel zu verstecken. Nach einer kurzen Diskussion zum Themenkreis »Ehre und Gewissen« und dem beschwichtigenden Zureden der Kindergartenleiterin gibt Moritz ohne vorherige Beratung mit seinem Rechtsbeistand den Streich zu und erklärt, er habe lediglich beweisen wollen, dass Leopold ein Blödmann sei, weil der gesagt habe, dass man im Bärenzimmer schwimmen könne, wenn genug Wasser darin sei. Da habe er das Bärenzimmer fluten wollen, um dem Leopold zu beweisen, dass das schon deshalb nicht ginge, weil die Möbel auch schwimmen und einem dann im Weg sind. Aber die Beweisführung habe nicht geklappt, weil es ewig gedauert habe, auch nur die Waschbecken voll zu bekommen. Um diesen Vorgang zu beschleunigen, habe er die Wasserhähne bis zum Anschlag und so fest aufgedreht, dass er sie nicht mehr zubekommen habe. Typischer Zauberlehrling-Effekt, wenn ich das hier mal einflechten darf. Als schließlich alles nass gewesen sei, habe er sich jedenfalls nicht mehr getraut, die Kindergartenleitung über sein Missgeschick in Kenntnis zu setzen, und sei stattdessen verduftet.

Moritz' Mutter zeigt sich wenig erleichtert über die Ehrlichkeit des Sohnes. Sie nimmt den durchfeuchteten Moritz an die Hand und schleift ihn hinter sich her. Ihre letzten beunruhigenden Worte lauten: »Da ist aber jetzt eine Familienkonferenz fällig. Und ich bin nicht sicher, ob das mit den neuen Skiern was wird, denn wenn Papa das erfährt, wird er nicht begeistert sein.«

Ich hatte zu meiner Zeit als Kindergartenkind im Pfarrkindergarten am Niederrhein ähnlich gute Ideen mit ähnlich durchschlagendem Erfolg bei der Kindergartenleitung, habe aber nie großen Ärger deswegen bekommen. Das hätte mein Vater niemals zugelassen.

Weil: Ich bin nämlich das beste Kind von allen. Auf der ganzen Welt. Tja, das haben Sie vermutlich noch nicht gewusst, aber das ist so. Zumindest wurde und wird mir das seit Januar 1970 suggeriert. Mein Vater ließ sich nie darauf ein, wenn andere Stress machten, sondern lobte mich vielmehr für meinen Ideenreichtum und beglückwünschte die Erzieherin, dass sie maßgeblich dazu beigetragen habe, aus mir ein so selbstbewusstes und kreatives Kind zu machen.

Zu Hause fragte er natürlich ganz genau nach, was denn da los gewesen sei, und ich musste alles noch mal haarklein beichten. Zwar gab es dafür dann keine drakonische Bestrafung, aber, was meist schon völlig reichte, eine Rüge. Aber seine Standpauke fand niemals vor Zeugen statt. Mein Vater legte immer großen Wert darauf, dass seine Kinder nicht vor und erst recht nicht von offiziellen Amtspersonen egal welcher Art beschimpft, bestraft oder belehrt wurden.

Natürlich kann man nun einwenden, das sei wieder einmal typisch italienisch und entspreche der in 2000 Jahren eingeübten Kulturtechnik des »bella figura«-Machens. Und das stimmt ja auch. Aber es ist ebenfalls wahr, dass sich viele meiner deutschen Freunde damals gewünscht hätten, ihre Eltern wären nur halb so loyal gewesen. Die Angewohnheit italienischer Eltern, ihre Kinder nach außen quasi heilig zu sprechen, findet ihren Ursprung in der starken religiösen Prägung und der damit einhergehenden positiven Überhöhung der Familie. Das findet sich übrigens auch in anderen europäischen Gesellschaften mit dominantem katholischem Einschlag. Fragen Sie mal einen Polen danach, und Sie werden überrascht sein, wie ähnlich unsere östlichen Nachbarn in diesem Punkt den Italienern sind.

Aber zurück zu unseren Südländern: Die Mutter gilt dort als Wiedergängerin der Madonna, ergo ist jedes Kind eine Kopie des kleinen Jesus, die seiner Kostbarkeit entsprechend hysterisch beschützt werden muss.

Im Gegensatz zum kleinen Jesuskind, das auch schon mal ohne Maria und Josef in den Tempel gehen durfte, werden italienische Kinder kaum je allein gelassen. Was nicht bedeutet, dass junge italienische Eltern immer zu Hause bleiben. Ganz im Gegenteil. Maria und Josef nehmen ihr Kind einfach immer mit, egal, ob auf eine Familienfeier, zum Ausflug in die Berge, ins Restaurant oder ins Kino.

Die Neapolitaner sind in dieser Hinsicht besonders schmerzfrei. In München wäre die Frau vermutlich gar nicht ins Kino reingelassen worden, doch in einem Kino in Neapel hat Alessandra tatsächlich erlebt, wie eine Mutter ihr Kind im Arm wiegend den Seitengang auf und ab ging und dabei den Film anschaute. Und niemand außer Alessandra fand das auch nur bemerkenswert. Diese enge Beziehung zwischen Kind und Eltern ist jedoch nicht aufgezwungen oder aus der Not heraus geboren, dass es in Neapel keine fähigen Babysitter gäbe, sondern gewollt.

Alessandra unternahm, als sie sehr kurz in München lebte, einen Spaziergang im Englischen Garten und sah nach einer Wegbiegung auf einer Wiese einen einsamen Mann auf einem kleinen Handtuch liegen. Ansonsten war auf dieser Wiese weit und breit kein Mensch zu sehen. Alessandra machte sich sofort Sorgen, dass etwas passiert sein könnte, doch der vermeintlich einsame Mann las ein Buch und sah weder aus, als hätte er einen Herzinfarkt, noch als sei er irgendwo ausgebrochen, wo man sehr enge weiße Jacken mit auf dem Rücken zugebundenen Ärmeln tragen muss. Alessandra fragte mich später, warum dieser Mann dort ALLEINE auf der Wiese liegen wolle. So könne man sich doch unmöglich mit jemandem unterhalten!?

Ich erklärte ihr, dass Deutsche Individualisten seien. Und sehr freiheitsliebend. Wenn man den Strand des molisanischen Badeortes Termoli von oben fotografieren und mit einem Bild von Sylt vergleichen würde, könnte man sofort sehen, wo welches Foto aufgenommen wurde. Und das nicht nur, weil der Strand in Sylt um vieles breiter ist als der von Termoli. Man sähe den Unterschied vor allem anhand der abgebildeten Menschen. Die Italiener liegen dicht beisammen, Handtuch an Handtuch, Strandliege an Strandliege. Von oben sehen sie aus, als habe der liebe Gott sie aus einem riesigen Eimer auf den Sand gegossen.

Ganz anders auf Sylt. Die Deutschen wurden nicht geschüttet, sondern behutsam einzeln dem Eimer entnommen und dann den richtigen Gruppen zugesellt. Dafür hat der liebe Gott kleine Kuhlen in den Strand gebuddelt. Die Deutschen verbringen darin geschützt wie Setzlinge ihren Urlaub. Wer genug Geld hat, mietet sich einen Strandkorb. Man ist gerne allein. Erhöht die Wälle aus Sand um den Strandkorb, der vor dem Wind und vor Eindringlingen schützt.

Mein Mann erzählte mir, dass er als Kind auf Sylt einmal eine vierköpfige Familie gesehen hatte, die einen antiimperialistischen Schutzwall gebildet und mit Hunderten von Muscheln verziert hatte. Sie arbeitete die Namen aller Familienmitglieder als Legearbeit in die Mauer hinein. So wurden die Kinder tagelang beschäftigt, und der Strandplatz war markiert. Hier wohnten also Jutta, Michael, Ilse und Werner Trautmannsdorf aus Jülich zufrieden in einer Burg aus Sand.

Strandkörbe und Sandwälle gibt es in Italien nicht – dafür aber Säuglinge in der Spätvorstellung. Was von Deutschen vielleicht manchmal als Distanzlosigkeit empfunden wird, folgt dem banalen Bedürfnis nach Nähe und dem ehrlichen Interesse am Mitmenschen. Wenn man schon so dicht aufeinandersitzt, möchte man in Italien schon gerne wissen, mit wem man es zu tun hat. Eine gewisse Distanzlosigkeit ist daher nachvollziehbar, auch wenn Anteilnahme nicht immer das einzige Motiv ist, denn natürlich dient das Interesse des Italieners am Nachbarn auch dem sozialen Abwärtsvergleich. Und da sind sich die Deutschen und die Italiener wieder erstaunlich ähnlich.

Nähe – und sei es auch eine erzwungene – erzeugt Loyalität und beugt Entfremdung vor. Wie soll auch Distanz entstehen, wenn man sein Kind wie eine Miesmuschel immer eng am Körper mit sich führt? Loyalität, die auch ins Erwachsenenalter hinausreicht, ist Teil der italienischen Familienstruktur. Man geht sich nicht so schnell gegenseitig auf die Nerven, weil die ständige Nähe ein bekanntes Gefühl aus der Kindheit ist. Ich könnte nie zu viele Menschen um mich herum haben, »zu viel« gibt es praktisch nicht in meinem Wortschatz, wenn es um Gesellschaft geht. Im Gegenteil, Nestwärme erzeugt bei manchen Italienern eine schon fast absurde Angst vor dem Alleinsein, die sie als Tantalusqual empfinden. Die original Tantalusqualen, also Hunger und Durst, stehen dem Wunsch der Italiener nach Nähe in nichts nach. Mein Vater macht da keine Ausnahme: Er übertrug der Einfachheit halber seine überzogene Angst vor dem Alleinsein eins zu eins auf mich. Er wollte immer sichergehen, dass ich nicht alleine bin, und als jüngstes von drei Geschwistern war ich es de facto nie. War er mal allein, litt er natürlich erst recht. Also schleppte er uns sicherheitshalber immer überallhin mit. Zum Arzt, an den Karpfenteich, nach Italien. Auch wenn wir gar keine Lust hatten mitzufahren. Es kam meinem Vater nicht in den Sinn, dass wir vielleicht gar nicht immer mitgenommen werden wollten und uns Spannenderes vorstellen konnten, als ihn bei seinen stundenlangen und erkenntnisarmen Exkursionen durch den Supermarkt zu begleiten.

Als ich 14 Jahre alt war, weigerte ich mich eines Tages, ins Auto zu steigen, da war er tagelang beleidigt. Aber ich schaffte es mich durchzusetzen und ihm klarzumachen, dass ich eigene Wege gehen muss. Für ihn kein Problem, denn nun begleitete er mich eben überallhin. Ich bin fast verrückt geworden. Er tauchte bei allen Sportveranstaltungen auf, in der Schule, bei Partys, zu Verabredungen am Marktplatz und am Autoscooter der Kirmes. Meine Freunde gewöhnten sich sogar daran, dass er sich dabei stets bei mir danach erkundigte, ob alles okay sei. Nur dem beherzten Eingreifen meiner Mutter ist es zu verdanken, dass ich ihn damals nicht heimlich vergiftete.

Als ich im Alter von 20 Jahren als letztes von drei Kindern auszog, dachte ich, mein Vater stirbt vor Kummer. Und als mein Mann einige Jahre später bei meinem Vater um meine Hand anhielt, heulte Babbo los, dass man ihm sein Kind, das nebenbei bemerkt schon seit sechs Jahren nicht mehr bei ihm wohnte, wegnehmen wolle. Wenn ich meinen Vater besuche und mich verabschiede, fragt er immer, und zwar wirklich immer und voller Sorge: »Wann sehen wir uns wieder?« Ich schwöre. Das macht er seit über 20 Jahren. Jedes Mal!

Diese Enge und Verbundenheit macht mir inzwischen nichts mehr aus. Ich empfinde sie nicht als erdrückend. Im Gegenteil. Sie gibt mir das Gefühl von großer Sicherheit. Es ist ein bisschen so, dass ich meine Familie auf diese Art immer ein wenig mit mir herumtrage.

Dieselbe Loyalität empfinde ich auch gegenüber meiner eigenen Familie. Meine Kinder sind nun mal das Beste, was ich in meinem Leben hingekriegt habe. Egal, wie sehr sie mir auf die Nerven fallen.

Der Satz »Mein Moritz tut so etwas nicht« heißt übersetzt »Moritz erfüllt immer unsere Erwartungen«. Ist das nicht schrecklich? Mein Vater hatte nie Erwartungen an mich, die dazu gedient hätten, äußeren Normen zu entsprechen. Er hat nie von mir verlangt, mich irgendwo besonders gut zu benehmen, weil er gar keinen Zweifel daran hatte, dass ich genau das machen würde. Schließlich war ich ja »Beste«. Außerdem wollte er seine Zuversicht nicht infrage stellen – und vor anderen schon gleich gar nicht.

Auch wenn das, was ich oben »Zuversicht« genannt habe, rasch in »liebende Unaufrichtigkeit« umschlagen kann, finde ich, dass es eine wichtige Lektion in Elternliebe darstellt. Moritz wird seinen Eltern womöglich niemals ganz vertrauen können, weil seine Mutter ihn vor der Kindergartenleiterin zur Schnecke gemacht hat.

Bei uns hingegen wurde die Elternliebe mit leidenschaftlicher Penetranz demonstriert. Wie ich heute – endlich – weiß, gehört zu den Talenten, die vollkommen an mir vorbeigerauscht sind, jenes, ein schönes Bild zu malen. Kann ich nicht. Und trotzdem haben die Kunstwerke, die ich aus dem Kindergarten mitbrachte, meinem Vater immer ausnehmend gut gefallen. Mehr noch: Er war so begeistert davon, dass er sie seinen Arbeitskollegen in die Werkhalle mitbrachte und stolz herumzeigte. Ich war nicht dabei, aber wahrscheinlich hielt er dann ausgedehnte Vorträge zu Linienführung und Farbauftrag. Sicherlich wurde er deswegen von seinen Kollegen das eine oder andere Mal belächelt, aber um die Liebe, die er so unverblümt zum Ausdruck bringen konnte, auch ein bisschen beneidet. Und ich erlangte noch früh genug die Gewissheit, doch keine Meisterin der Wachsmalstifte zu sein.

Es wurde in den Siebzigerjahren bestimmt als unmännlich angesehen, so von seiner Tochter zu schwärmen. Diese Angst vor ihrer weichen, weiblichen Seite kennen italienische Männer nicht, obwohl sie eben noch fürchterliche Machos gewesen sein können. Ein Widerspruch? Überhaupt nicht. Kinder zu lieben, dies auch zu zeigen und dabei gepflegt und gut auszusehen, ist nämlich kein Ausdruck mangelnder Männlichkeit, sondern von Stolz und einer natürlichen Selbstliebe. Wenn einem die eigene Mutter jahrelang erzählt, wie hübsch, klug und reizend man sei, muss das doch erstens wahr sein, und zweitens sollte man sich auch entsprechend kleiden und verhalten. Dieser Stolz und das daraus resultierende stabile Selbstbewusstsein geben italienische Eltern an ihre Kinder weiter.

Meine Eltern sind mir gegenüber immer noch auf eine sehr angenehme Art völlig unkritisch, bei ihnen kann ich nur alles richtig machen. Kritik oder negatives Feedback bekomme ich genug von anderen – nicht zuletzt von meinen eigenen Kindern. Bei meinem Babbo bin ich acht Jahre alt geblieben und seitdem nur ein wenig gewachsen. Ich sage Ihnen, das fühlt sich großartig an.

»NEIN, DU DARFST NICHT MITSPIELEN«

Was ich an den Urlauben in Italien immer sehr mochte, war, dass meine älteren Cousins und Cousinen mich überallhin mitnahmen. Unsere Verwandtschaft konnte die Geburten sämtlicher Kinder logistisch natürlich nicht so planen, dass alle gleich alt sind. Es gab also Mädchen und Jungen in den unterschiedlichsten Altersstufen, die immer zusammen spielten und später miteinander herumhingen. Was mich dabei besonders faszinierte, war die Tatsache, dass auch ältere Jugendliche in Italien völlig unverhohlen ihre Begeisterung zeigen, wenn kleine Kinder in ihrer Nähe sind. Sie empfinden es nicht als uncool, Babys auf den Arm zu nehmen und sich an ihnen zu freuen. Im Gegenteil. Sie haben auch kein Problem damit, ihre Geschwister auf Feiern zu hüten oder zu beschäftigen. Ich spreche dabei natürlich nicht von Unternehmungen wie Kino oder Kneipenbesuche mit gleichaltrigen Freunden. Und natürlich werden keine vierjährigen kleinen Brüder mit in die örtliche Disco genommen, aber: Das wird bei der Verabschiedung zumindest sehr bedauert.

Italienische Eltern erwarten von ihren Kindern nicht, dass sich immer alle gut verstehen und es keinen Streit gibt. Doch dass sich die Größeren um die Kleineren kümmern, ist ohne jede Einschränkung absolut selbstverständlich. Das bedeutet aber nicht, dass die Großen als Babysitter missbraucht werden. Es geht mehr um ihre Haltung gegenüber den Geschwistern und jüngeren Familienmitgliedern. Mit diesem Selbstverständnis wachsen italienische Kinder automatisch auf und übertragen diese Einstellung dann auf ihre Kinder.

Meine Cousine Antonella ist vier Jahre älter als ich. Mein Bruder auch. Als die beiden in unseren Urlauben anfingen, abends in die örtliche Bar zu gehen, um ein Eis zu essen oder eine kleine Pizza al taglio, durfte ich immer mit, genau wie mein Cousin Marco, meine ein Jahr ältere Schwester und die anderen Cousinen und Cousins aus Marcos Familie. Lustigerweise hatten zwei Schwestern meines Vaters zwei Brüder aus Neapel geheiratet, die noch sieben weitere Geschwister hatten. Und diese bekamen wiederum mit einer Ausnahme mehrere Kinder. Und natürlich machten diese Tanten und Onkel nebst ihren Kindern und Freunden jedes Jahr in Termoli Urlaub, so wie auch wir. Es war unglaublich. Als Kind dachte ich immer, der ganze Ort sei mit mir verwandt.

Wir trotteten damals immer in einem Pulk los, der auch als klassenübergreifender Schulausflug durchgegangen wäre. Ich fand das herrlich, und es brachte mir als Schulkind einige komische Kommentare ein, die ich nicht recht begriff. So stand in der Beurteilung meines ersten Schulzeugnisses: »Sandra ist sehr kontaktfreudig und offen.« Ich habe damals nicht verstanden, was daran eigentlich so bemerkenswert sein sollte, denn ich hielt das für selbstverständlich. Heute weiß ich: Diese Formulierung war nicht nur positiv gemeint. Sie bedeutet im Kontext einer deutschen Leistungsbewertung auch: »Redet viel, überschreitet Distanzen, mutet sich zu.« Im Erwachsenenalter hat der Satz übrigens noch eine weitaus schlimmere Konnotierung. Wenn er in einem Arbeitszeugnis auftaucht, kann man den Arbeitgeber sogar verklagen, denn das an und für sich schöne Charaktermerkmal »offen und kontaktfreudig« versteht der deutsche Personaler als Synonym für ein bestehendes Alkoholproblem und/oder die Neigung, auf der Stelle mit allen Männern in der Abteilung ein Verhältnis zu beginnen. »Offen und kontaktfreudig« ist in Deutschland nur die »Büromatratze« der Abteilung. So scheußlich kann Sprache sein.

Schüchternheit war jedenfalls aufgrund meiner Ferienaufenthalte zwischen zwanzig tobenden Kleinstitalienern noch nie mein Problem. Außer in Deutschland. Meine Art, auf andere Kinder zuzugehen, führte bei deren Eltern häufig zu einer gewissen Befremdung. Die zeigte sich, wenn ich bei ihren Kindern übernachten wollte. Meine Forschheit und die unbekümmerte Neugier, mit der ich in anderen Haushalten auftrat, führten zu Ablehnung, was ich nicht verstand. Ich war ihnen »zu italienisch«, hörte ich dann von den Kindern, die das eigentlich nicht ausplaudern sollten. Erst viele Jahre später habe ich erkannt, dass diese Menschen schlicht und einfach Angst vor »uns Ausländern« hatten. Mein Vater war in den Augen der anderen Eltern und der Nachbarn ein Gastarbeiter, der das perfekte Klischee vom brustbehaarten Goldkettchenträger erfüllte. Und natürlich besaß er einen bleischweren italienischen Akzent, wenn er Deutsch sprach.

Dieses Anderssein war in den Siebzigerjahren in einer kleinen niederrheinischen Stadt noch ein Problem. Ich sehe zwar eher aus wie eine Schwedin und nicht wie eine Italienerin mit sizilianischen Wurzeln, doch ich war trotzdem ein »Spaghettifresser«. Heute wird dieses »andere«

allseits und bisweilen unkritisch-italophil bejubelt. Es hat sich eine wundervoll vermarktbare Nische mit Lifestyleprodukten von der Käsereibe bis zur Seidenkrawatte rund um »Italienische Momente« und vermeintliches »Dolce Vita« entwickelt. Vor 35 Jahren war das noch ganz anders. Da wurde das Land meines Vaters als mäßig entwickeltes Schwellenland und seine Bewohner als ulkiges Naturvölkchen angesehen.

Das änderte sich im Laufe meines Lebens zwar weitgehend, doch manche leidenschaftlichen Reflexe halte ich heute lieber ein wenig zurück und lebe sie in Italien aus. Meine Familie – also mein Mann und meine Kinder – sagen oft, dass ich ein anderer Mensch sei, wenn wir in Italien sind. Da haben wir's wieder, das Wörtchen »anders«. Aber »anders« ist heute für mich gleichbedeutend mit »gut.« Deshalb bin ich gerne »anders«.

Ich reagiere seitdem sehr empfindlich auf Ausgrenzung, Fremdenhass oder Feindseligkeiten jedweder Art. Ich habe es als Kind schon nicht verstanden, wenn ich nicht mitspielen durfte, wo doch sowieso schon viele Kinder beisammen waren und Spaß hatten. Ich war dazu erzogen worden, immer Ja zur Gesellschaft anderer zu sagen. »Klar, darfst du reinkommen.« »Nein, es macht nichts, dass wir gerade essen, du kannst ja mitessen.« »Nein, du störst nicht, wir haben dich gerne dabei.« Unser Haus war ein offenes Haus. Kein Kind wurde je weggeschickt. Nie. Und ich schicke auch heute kein Kind weg, das mit meinen Kindern spielen möchte. Manchmal geht meine Gastfreundschaft sogar so weit, dass ich die Freunde meiner Kinder einlade hereinzukommen, auch wenn keiner der beiden da ist. Manchmal bleiben die Freunde dann ein Weilchen und schauen mir bei der Gartenarbeit zu oder beim Kochen und unterhalten sich mit mir. Manchmal gehen sie auch wieder, aber ich schicke niemanden weg. Und deshalb reagiere ich selbst ziemlich dünnhäutig, wenn meine Kinder irgendwo zurückgewiesen werden. Mein Sohn stand einmal heulend vor der Tür. Ich hatte ihn schon von Weitem gehört. Er kam schniefend den Kiesweg unseres Hauses entlanggeschlichen und wischte sich mit der Hand mehrfach über seine tränennassen Augen und die laufende Nase. Ein Bild des Jammers. Ich dachte erst, er hätte sich verletzt, und suchte nach Blut, fand aber keins. Da erzählte er, unterbrochen von fürchterlichen Schluchzern, dass er bei seinem Freund Sebastian vorbeigegangen wäre, um ihn zu fragen, ob er mit ihm spielen wolle, und die Mutter hätte ihn nicht reingelassen. Da mir Sebastians Mutter nicht unsympathisch war und ich sie aus dem Kindergarten kannte, rief ich daraufhin an, um zu fragen, ob mein Sohn vielleicht auf die Azaleen im Vorgarten gepinkelt hätte. Sie teilte mir etwas schmallippig mit, dass Sebastian schon einen Freund zum Spielen da hätte und dass sie wolle, dass sich die beiden Jungs »ein wenig aufeinander konzentrieren sollten«.

Aha.

Sie sollen sich aufeinander konzentrieren. Na ja, vielleicht erfinden die Jungs gerade einen Impfstoff gegen AIDS oder entdecken ein Loch in der Atmosphäre, da muss man sich natürlich auch mal konzentrieren.

Alessandra berichtete mir Ähnliches. Auch ihre Kinder wurden schon nach Hause geschickt, damit nicht mehr als ein Besuchskind im Haus ist. Auch dort fiel der Satz mit dem »konzentrieren«.

Die Mütter haben wahrscheinlich keine Lust auf den Lärm von vielen Kindern. Pro Kind steigt der Lärmpegel exponentiell. Je mehr Kinder, desto mehr Krach. Ist klar. Aber ich glaube, dass der wahre Grund ein anderer ist.

Sie sind, so wie ihre Eltern es schon waren: Individualisten. Eher ausgerichtet auf kleine Gruppen. Sehr kleine Gruppen. Gruppen, die aus zwei Personen bestehen. Und da ist es dann ausgeschlossen, dass spontan jemand dazukommt. Und es gibt, glaube ich, noch einen anderen Grund für die seltsame Vorstellung, dass man zu dritt weniger gut spielen kann als zu zweit. Das Miteinanderspielen ist für viele deutsche Eltern ein Vorgang, von dem die Kinder etwas haben müssen, sie sollen einen Nutzen daraus ziehen. Alles, was ihre Sprösslinge machen, soll einem höheren Zweck dienen. Also ist zielloses Herumgespiele nicht sinnvoll, man muss sich darauf konzentrieren.

Deswegen sind die Deutschen auch Weltmeister im Erfinden von didaktischen Spielen. Spiele, in denen die Motorik, Sprache, geistige Beweglichkeit oder irgendetwas anderes gefördert oder geschult wird. Die Italiener hingegen wollen nur Spaß haben. Ganz Italien ist spielzeugtechnisch gesehen ein Triumph des sinnfreien Plastikfirlefanz. Es ist bunt, laut, bekloppt und soll Freude bereiten.

Alessandra fragte mich vor vielen Jahren, als sie auf der Suche nach Spielzeug für ihren Sohn war, ob die Deutschen das Rohöl vielleicht sparen wollen und deshalb so viel Holzspielzeug herstellen und besitzen.

Ich glaube, dass hinter vielem, was Deutsche machen, eine Sinnsuche steckt. Im Alltag und im Beruf. Alles soll einen Sinn haben oder einem Zweck dienen. Mein heulender Sohn weiß das natürlich alles nicht. Er wollte nur mit Sebastian Legosteine zusammenbauen. Oder Verstecken spielen. Vielleicht hat Sebastian ja Pistolen aus Holz, das hätte meinem Spross aber nichts ausgemacht. Denn für ihn ist eigentlich nur eins wichtig: viel Spaß haben.

»ISS KIND, ISS«

Als ich etwa sechs Monate alt war, wollten meine Eltern mit meinen beiden größeren Geschwistern einige Wochen auf eine kleine italienische Insel im Mittelmeer reisen. Ich wurde, auch weil meine italienische Großmutter darauf brannte, ihre liebste Enkelin einmal längere Zeit bei sich zu haben, bei Nonna Emma geparkt. Ich selber habe natürlich keinerlei Erinnerung mehr an diese wenigen Wochen allein mit meinen Großeltern und bin daher auf die Informationen meiner Eltern angewiesen, die heute noch von diesem Inselurlaub schwärmen. Das Einzige, was sie in weniger guter Erinnerung behalten haben, war mein körperlicher Zustand, in dem sie mich nach sechs Wochen bei meiner Nonna auffanden. Ich hatte wohl in der Zeit, während sie auf der Insel Tremiti waren, ein bisschen zugenommen. Ein bisschen sehr zugenommen. Meine Mutter war entsetzt und fragte meine Nonna, warum ich in Gottes Namen plötzlich so dick war? Die Antwort war ganz einfach: »Sie hatte Hunger.«

Mama: »Sie hatte Hunger? Wie oft hatte sie denn Hunger?« Nonna Emma: »Sehr oft.«

Meine Eltern vermuteten, dass wann immer ich irgendeinen Mucks gemacht hatte, dies von meiner Nonna als Aufforderung verstanden wurde, mich zu füttern. Meine

Nonna ist bis heute der Meinung, dass Essen immer hilft. Es gibt praktisch kein Problem, das man nicht mit einer guten Pasta lösen kann.

Wie schon erwähnt, habe ich diese Informationen über meine erste Urlaubserfahrung in Italien nur aus zweiter Hand. Jedenfalls wurde ich, zurück in Deutschland, von meiner Mutter auf Diät gesetzt. Das war die bisher erste und letzte Abnehmkur meines Lebens.

Rückblickend weiß ich, dass mich meine Nonna damals »angefüttert« hat, wie es in der Anglersprache heißt. Wenn man bestimmte Fische fangen möchte, wirft man an eine Stelle im Wasser ein bisschen Futter, um Fische anzulocken. Die fressen den absinkenden Köder und wollen dann natürlich mehr davon. Die zweite Portion hängt dann kurze Zeit später an einem kleinen gebogenen Stück Metall. Die Fische schnappen zu, damit hat man sie am Haken, zieht sie aus dem Wasser, und dann muss man ihnen auf den Kopf schlagen, und den Rest können Sie sich denken. Bei mir war's das Gleiche, nur dass weder an der zweiten noch an der dritten Portion ein Haken hing. Ich habe damals als Baby wunderbares, italienisches Nonna-Emma-Essen bekommen und will seitdem immer mehr davon.

Meine Gier nach gutem Essen geht sogar so weit, dass wir Urlaubsorte ausschließlich danach aussuchen, ob ich die regionalen Speisen, die dort angeboten werden, für würdig erachte. Das wiederum führte schon des Öfteren dazu, dass ich phasenweise nur in das Land meiner Väter beziehungsweise meines Vaters reisen wollte. Wenn wir spontan essen gehen möchten, hat meine Familie die größten Schwierigkeiten, mich in Speiselokale zu locken, in denen es keine gute Pasta gibt. Ich bin kein Banause und liebe auch asiatisches Essen und die französische

Küche. Doch richtig glücklich macht mich einfach nur italienisches Essen. Warum sollte ich also in irgendeinem Land herumsitzen und mich immerzu fragen, warum ich im Urlaub eigentlich schlechter esse als zu Hause? Ich kann doch nichts dafür, dass mich meine Nonna damals angefüttert hat. Wahrscheinlich mit Pasta.

Italienische Kinder bekommen erst Muttermilch, und sobald sie feste Nahrung zu sich nehmen können, sofort Nudeln. Natürlich ganz kleine, wie zum Beispiel Reisnudeln. Diese sind winzig wie Reiskörner, bestehen jedoch aus Hartweizengries. Sie werden in einer leichten Brühe gekocht. »Pastina in brodo« nennt sich das. Dann rührt man ein kleines Päckchen »Formaggino« in die Brühe und wartet, bis es sich aufgelöst hat. »Formaggino« ist ein Schmelzkäse, der in der warmen Brühe zergeht, bis eine breiige Konsistenz entsteht. Darauf kommt natürlich noch ein wenig geriebener Parmesankäse.

Sobald italienische Kinder ihre Motorik so weit im Griff haben, dass sie mit den Fingern auf die wirklich interessanten Speisen zeigen können, die ihre Eltern auf dem Teller haben, wird einfach alles geteilt. Auberginenauflauf, Lasagne, Polpette, Risotto mit Safran, ganz egal. Was die Eltern essen, bekommen die Kinder auch. Wenn sie es wollen. Das Selbstbewusstsein der Italiener ist so groß, dass sie alles, was sie kochen und zu sich nehmen, für gut und gesund halten, also ist es auch gut für Kinder, egal welchen Alters.

Alessandra, die wie ich ihre Kinder in Deutschland geboren hat, musste sich größeren Diskussionen stellen, weil ihr Kinderarzt nicht einsehen wollte, dass Alessandras sechs Monate alter Sohn essen darf, worauf er Lust hat. Seine Methode, Kinder langsam an alle Lebensmittel zu gewöhnen, um Allergien vorzubeugen, fand bei ihr keinen Anklang. Alessandra hatte ihre eigene italienische Methode, ihre Kinder an gutes Essen zu gewöhnen.

Essen hat in Italien eine völlig andere Bedeutung und einen großen Stellenwert. Im Durchschnitt geben Deutsche elf Prozent ihres Haushaltseinkommens für Lebensmittel aus. Italiener fast das Doppelte, nämlich 19 Prozent.

Kochen ist keine lästige Pflicht, sondern nationales Brauchtum. Über Essen zu sprechen, ist wichtig. Deutsche unterhalten sich über das Wetter, Italiener übers Essen. Wenn Italiener nachmittags einen Nachbarn treffen, fragen sie meistens zuerst, ob nach der Pasta Bistecca oder Polpette gereicht wurden. Und mit welchem Gemüse. Welches Obst am besten zu welchem Fleisch passt und ob die Oliven von Saccardi dieses Jahr wieder so gut sind wie im letzten. Diese Liebe zu Lebensmitteln und der große Respekt, mit dem Fisch, Fleisch, Obst und Gemüse behandelt werden, lernen Italiener bereits als Säuglinge. Essen ist keine tote Biomasse, die als Treibstoff für den Körper dient, sondern etwas Schönes, Positives. Die italienische Esskultur ist so berühmt, weil die Italiener Essen und alles, was dazugehört, das Einkaufen, die Lebensmittel und das Zubereiten, als etwas Freudvolles empfinden. Und natürlich ist es ein Unterschied, ob eine Mutter ihrem Kind eine Mahlzeit mit diesen Worten anpreist: »Amore, iss, das ist ein so wunderbares Fleisch von Giuseppe, ich habe es viele Stunden in Nonnas Tomatensauce gekocht und mit frischem Basilikum für dich zubereitet.« Oder so: »Kevin, könntest du jetzt bitte essen? Die Kinder in Afrika wären froh, wenn sie überhaupt etwas bekommen würden.«

Zugegeben, das war jetzt ein bisschen gemein. Natürlich kochen auch viele deutsche Mütter mit Liebe und Freude an gutem Essen, aber diesen Satz einer deutschen

Mutter habe ich mir nicht ausgedacht, sondern mit eigenen Ohren gehört. Und zwar schon oft. Es ist ein sehr deutscher Satz.

Eine bekennende Bio-Mutter hat mir auch schon mal voller Stolz erzählt, dass ihre Kinder noch nie in ihrem Leben eine Cola getrunken hätten und bis zu ihrem vierten Lebensjahr keinerlei Zucker bekamen. Wahrscheinlich mussten die armen Dinger bei Kindergeburtstagen immer im Flur warten, bis der Kuchen verzehrt war.

Ich möchte nicht bestreiten, dass die deutschen Kinder und Jugendlichen im europäischen Vergleich jahrelang die Statistik als die dicksten Kinder anführten. Daher ist das Bestreben dieser Mutter, ihre Kinder nicht Teil dieser Statistik werden zu lassen, löblich – aber man kann's auch übertreiben. Zwischen dem Konsum von einem Liter Cola täglich und einem kleinen Becher Cola bei einem Kindergeburtstag ist noch eine Menge Spielraum.

Übrigens sollte man in diesem Zusammenhang auch erwähnen, dass laut einer aktuellen IDEFICS-Studie von 2012 inzwischen die italienischen Kinder die unrühmliche Dickentabelle anführen. Wenn man seinen Kindern nichts abschlagen will und sie mit viel Liebe und zu viel gutem Essen füttert, kann das auch solche negativen Folgen haben.

Eine deutsche Nachbarin berichtete, dass ihre Tochter als Kleinkind nie essen wollte. Damit das kleine Mädchen überhaupt etwas zu sich nahm, setzte sie es zum Essen immer vor den Fernseher. Wenn Nina hypnotisch auf die Glotze starrte, konnte die Mutter ihr ein wenig Brei in den Mund schmuggeln. Ich habe auch schon erlebt, wie völlig entkräftete Mütter ihren gelangweilten Sprösslingen mit dem Teller nachliefen, damit sie doch bitte wenigstens einen kleinen Löffel zu sich nähmen. Natürlich ist es leichter, Kinder zum Essen zu animieren, wenn acht quasselnde Italiener um den Tisch herum sitzen und reden, essen und lachen. Wer sich wohlfühlt und das Essen nicht nur als stumpfe Nahrungsaufnahme erlebt, isst auch gerne und gesünder.

Eltern, die Plastiktüten aufreißen und deren Inhalt in der Mikrowelle aufwärmen, werden ihren Kindern nie ein positives Verhältnis zum Kochen und zu gutem Essen vermitteln. Und es geht natürlich auch nicht nur um das, was man isst, sondern auch, wie. Der »Pranzo« ist ein fester Termin im Tagesablauf. Genauso wie das abendliche »Cena«. Das hat in süditalienischen Familien genau den gleichen Stellenwert wie der nächtliche Schlaf. Und da alle um dieselbe Zeit unabkömmlich sind, weil immer um dieselbe Zeit gegessen wird, entstehen auch keine beruflichen Kollisionen oder terminliche Probleme. Ganz Italien isst in einem immer wiederkehrenden Gleichtakt. Das gesamte Volk, der Alltag, Geschäfts- und Arbeitszeiten ordnen sich diesem Rhythmus unter.

Meine Kinder bewegen sich kulinarisch zwischen rheinischer Hausmannskost und süditalienischer »Cucina di casa«. Sie kennen und lieben deutschen weißen Spargel mit Butterkartoffeln und italienisches Spargelrisotto mit grünem Spargel. Beide sterben für die Sugo, die ich nach einem Rezept meiner Nonna zubereite, und für die Hefeklöße, die ich nach einem Rezept meiner deutschen Schwiegermutter auf einem Tuch über Dampf gare. Wenn ich die beiden fragen würde, ob sie lieber das Tiramisù, das ich nach den Vorgaben meiner Cousine Antonella mache, essen würden, oder den Blitzkuchen nach einem Rezept ihrer Krefelder Uroma, sie könnten sich kaum entscheiden. Müssen sie auch nicht. Genau wie ich dürfen sie beides lieben und kennenlernen. Und selbst, wenn es nicht immer sehr harmonisch bei unseren Mahlzeiten zugeht, weil die Kinder sich ständig streiten, weiß ich, dass sie diese gemeinsamen Zusammenkünfte am Esstisch unheimlich schätzen.

Meine Eltern, Alessandra und auch ich haben es leicht geschafft, den traditionellen italienischen Tagesablauf auf unsere deutschen Verhältnisse zu übertragen. Bedeutet: Egal, was kommt, es wird auf jeden Fall ordentlich gegessen. Ob Pasta oder Sauerbraten, spielt keine Rolle. Schon in meiner Kindheit wunderten sich meine Freunde immer über meinen Vater, der vor jeder Mahlzeit – selbst wenn es danach Sauerkraut und Kasseler gab oder Miesmuscheln rheinischer Art – eine kleine Portion Pasta essen wollte. Ich habe versucht, nicht in seine Fußstapfen zu treten und meinen eigenen kulinarischen Weg zu gehen, aber meine italienische Seite schlägt einfach regelmäßig durch. Ein Freund meiner Tochter erzählte einmal seinen bayerischen Eltern, dass es bei seiner Freundin mit der italienischen Mutter immer nur Pasta geben würde. Aber die sei wenigstens spitzenmäßig. Mein Vater freut sich sicher, wenn ich ihm das erzähle.

»Kinder brauchen Regeln«

Natürlich brauchen Kinder Regeln. Alle brauchen das. Ich auch. Ich halte mich nur nicht immer daran.

Mein italienischer Großvater nannte mich immer »Patatina«, das heißt kleine Kartoffel. Ich hatte als kleines Kind die Angewohnheit, rohe Kartoffeln zu essen. (Ich esse sie immer noch gerne roh, aber da ich heute weiß, dass es wegen des darin enthaltenen giftigen Solanins ungesund ist, mache ich es nur noch heimlich.)

Mein Nonno Carmelo nannte mich jedenfalls »Patatina« und liebte es, mit mir Scopa zu spielen. Das ist ein traditionelles italienisches Kartenspiel, das mit Neapolitanischen Karten gespielt wird. Die sehen ein bisschen gewöhnungsbedürftig aus. Statt Pik, Herz, Karo und Kreuz gibt es die Symbole Taler, Schwert, Keule und Kelch. Man muss versuchen, mit seiner Karte möglichst viele gegnerische Karten mit einem niedrigeren Wert abzutrumpfen. Beispiel: Auf dem Tisch liegt eine Taler vier und eine Krug fünf, dann kann man die zusammenzählen und darf sie mit einer Taler neun einsacken. Zwischendurch wird es natürlich noch ein bisschen komplizierter, aber das würde jetzt zu weit führen. Ich spiele Scopa jedenfalls schon so lange, dass ich mich nicht daran erinnern kann, es einmal nicht gekonnt zu haben.

Mein Nonno war ein großer Kartenliebhaber, der versuchte, mich regelmäßig zu einem Spielchen zu überreden, das er dann mit großem taktischem Talent führte. Zunächst ließ er mich ein wenig gewinnen, um mich dann zu vernichten. Eigentlich bei Scopa nicht so leicht, weil man dabei in erster Linie Kartenglück braucht. Ich habe mich jahrelang abgemüht, herauszufinden, warum ich immer erst gewann, um dann haushoch zu verlieren. In den ersten Jahren spielten wir einfach um Sieg oder Niederlage, über die wir auf einem kleinen Blöckchen Buch führten. Dann überredete mein Nonno mich, um kleine Geldbeträge zu spielen, die ich mir bald von meinem Vater leihen musste, denn mein Opa nahm mich aus wie eine Weihnachtsgans. Das Taschengeld, das ich am Anfang des Urlaubs noch besaß, nahm er mir regelmäßig innerhalb der ersten zwei Ferienwochen ab. Danach war ich auf die Gunst meines Vaters angewiesen. Ich bettelte ihn wie ein fiebriger Pokerspieler um Geld an und versprach, dass ich mir alles zurückholen würde, wenn er mir nur noch ein einziges Mal, wirklich nur noch einmal, 500 Lire geben würde.

Es dauerte viele Jahre und Lira, bis ich merkte, wie mein Nonno es schaffte, mich am Ende immer vernichtend zu schlagen: Er schummelte! Als ich dessen gewahr wurde und meinen Vater darauf ansprach, um meinem Entsetzen Ausdruck zu verleihen, erklärte er mir in aller Ruhe, das wisse doch seit Jahrzehnten jeder, dass Nonno Carmelo beim Scopa betrügen würde. »Und du hast jahrelang zugesehen, wie er mich über den Tisch zieht und nichts gesagt?«, tobte ich, aber er meinte nur: »Ich wollte, dass du es selber merkst.« Na, toll. Mein eigener Opa, mein Fleisch und Blut. Betrügt seine neunjährige Enkelin?! Das ist doch die Höhe. Aber er hatte mich unterschätzt. »Was der kann, kann ich schon lange«, beschloss ich. Also begann ich, ohne eine Miene zu verziehen, gleichfalls zu schummeln. Ich betrog so dreist, dass mir mein Vater hinter Nonnos Rücken Zeichen machte, damit aufzuhören. Aber ich habe bis heute den Verdacht, dass mein Großvater genau wusste, dass ich ebenfalls mit Tricks arbeitete, aber unter Ganoven wird eben nicht darüber gesprochen. Am Ende gewann der, der am besten beschiss. So spielten mein Nonno und ich bis zu seinem Tod Scopa. Er gewann und nahm mir mein Geld ab, dann holte ich es mir zurück. Das war meine erste große Lektion in Sachen Spielregeln einhalten und ordnungsgemäß betrügen. Diese etwas laxe Haltung gegenüber Regeln habe ich mir bis heute bewahrt. Ich würde nicht sagen, dass ich lüge oder betrüge, im Gegenteil. Ehrlichkeit ist mir wahnsinnig wichtig, es kommt halt auf die Situation an. Denn ich bin Italienerin, keine Betrügerin, und wie mein Vater bin ich ein »Furbo«. So ein »Furbo« ist gerissen, manchmal durchtrieben. Jemand, der sich aus einer schwierigen Situation schnell mit einer guten Idee und etwas Dreistigkeit befreien kann.

Auch beim Thema Geld weiß sich ein »Furbo« zu helfen. Wenn ich ein Paar Schuhe kaufe, wird immer gehandelt, überhaupt handele ich alles herunter, ich versuche es zumindest. Mein Mann war in den ersten Jahren unserer Ehe davon peinlich berührt, weil er annahm, dass ich sämtlichen Einzelhändlern die Existenz rauben würde. Das ist natürlich Unsinn. Wer handelt, der kann es sich auch leisten. Und damit basta, finden die Italiener.

Mein Vater erklärte mir als Kind, dass es sich dabei um ein Spiel handele. Jemand will dein Geld und möchte dir etwas dafür geben. Du willst es auch haben, aber den

Preis dafür müsst ihr gemeinsam herausfinden. Und es gewinnt am Ende derjenige, der seine Preisvorstellung besser durchsetzen kann. Mein Vater hat immer gehandelt, ob er Blumen für meine Mutter besorgen sollte oder eine Querflöte für seine Tochter. Als er jedoch anfing, beim Bäcker über den Brötchenpreis zu diskutieren, wurde meine Mutter sauer. Das ging ihr dann doch zu weit.

Handeln ist ein Spiel, das großen Spaß macht, solange dabei nicht die Geldersparnis im Vordergrund steht, sondern der Nervenkitzel.

Es gibt viele nicht ganz unwichtige Regeln, die Italiener auf ihre Art interpretieren. Verkehrsregeln zum Beispiel. Ampeln betrachtet der Südländer gerne als unverbindliche Empfehlung, als wenig ernstzunehmendes Hindernis auf dem Weg zu einem Mittagessen – aber nicht als allgemein verbindliche Ausprägungen einer gesetzlichen Ordnung. Verkehrsschilder gelten als nette farbliche Ergänzung des Straßenbildes. Ich verstehe auch nicht, warum ich nicht falsch in eine Einbahnstraße fahren soll, wenn kein Mensch da ist, den ich gefährden oder behindern könnte. Es verkürzt die Fahrtdauer, und daran müsste doch schon aus Sicherheitsgründen jedem gelegen sein?

Einmal stand ich in München an einer Ampel in der Innenstadt. Ich stand dort ziemlich lange. Zu lange. Und mit mir standen dort ungefähr 100 weitere Autos. Alle warteten darauf, dass die Ampel den Verkehr regelte. Wir warteten und warteten. Circa zehn Minuten vergingen, und nichts bewegte sich. Nach 15 Minuten verständigte ich mich durch Handzeichen mit anderen Autofahrern, dass etwas nicht stimmen konnte, und wir fuhren trotz roter Ampel langsam über die Kreuzung. Einen Tag später las ich in der Zeitung, dass die Ampelanlage kaputt war und eine Stunde lang rotes Licht für alle gezeigt hatte. Und es hatte tatsächlich Fahrer gegeben, die sich wegen des roten Lichtes eine Stunde nicht bewegten. Dadurch entstand ein gigantisches Verkehrschaos, das erst durch herbeigerufene Verkehrspolizisten geregelt werden konnte.

Bei Brettspielen wissen meine Kinder mittlerweile, dass ich schummele. Sie wissen nicht genau, wann und wie ich das mache, ich werde auch einen Teufel tun und das hier verraten, aber sie können einen Sieg meinerseits und eine Niederlage ihrerseits besser verkraften, weil sie nie sicher sein können, ob ich den Sieg nicht doch mit unlauteren Mitteln davongetragen habe.

Dieses kleinkriminelle Verhalten, das sich bei mir auf »Mensch ärger Dich nicht«-Partien beschränkt, gibt es in Italien auch im großen Stil. Da hört der Spaß natürlich sofort auf. Italien wird durch diese völlig aus dem Ruder gelaufene Unehrlichkeit leider vor die Hunde gehen. Denn was im Allgemeinen gerne als kleine Gaunerei abgetan wird, mündet nur zu oft in ernsten Betrug und korrumpiert die Menschen und das gesamte Land. Würde es dabei bleiben, dass italienische Großväter ihren Enkelinnen das Taschengeld abnehmen, wäre vieles in diesem schönen Land besser und leichter.

Ich darf beim Kartenspielen schummeln, aber nicht bei meiner Steuererklärung, das sagt mir meine deutsche Seele. Ich darf ein Paar Schuhe runterhandeln, wenn ein kleiner Kratzer im Leder ist, aber nicht den Verkäufer bestehlen. Diese Ehrpusseligkeit und der ernsthafte Versuch, moralisch einwandfrei und aufrecht durchs Leben zu gehen, ist etwas sehr Deutsches, sehr Großartiges an diesem Land. Und die Italiener bewundern ihre tedeschi sehr darum.

Als mein Sohn seinen dritten Geburtstag feiern sollte, musste ich ebenfalls tricksen. Der Geburtstag fiel auf einen für mich extrem ungünstigen Tag. So beschlossen wir, ihn anzuschwindeln und seine mangelhafte Kalenderkenntnis auszunutzen. Kurzerhand wurde der Jubeltag aufs Wochenende verlegt. Die Großmütter wurden instruiert, die engen Freunde informiert – die Mütter aus dem Kindergarten waren entsetzt. Ich argumentierte, dass es für unseren Sohn ausschließlich um das gute Gefühl, den schönen Tag und seine Geschenke ginge. Und ich würde ihm diesen Tag gerne in Ruhe und ohne Druck widmen und verschönern, aber das ging nun einmal am Originalgeburtstagstag nicht. An Samstagen feiert es sich allgemein praktischer. Unser Sohn wurde also drei Tage nach seinem eigentlichen Geburtstag geweckt, natürlich mit Kerzen, Kuchen und Geschenken. Und Gesang. Seine Freunde rockten nachmittags das Haus und warfen kiloweise Konfetti um sich. Ich spielte ein spannendes und pädagogisch höchst wertvolles Kasperletheater vor, mit mordenden Krokodilen und einer hysterischen Prinzessin – und er war glücklich. Er weiß es bis heute nicht, und ich würde Sie bitten, es ihm auch nicht vor seinem 18. Geburtstag zu erzählen.

»NATÜRLICH BEKOMMST DU EINE BARBIE. WILLSTE AUCH EIN BARBIEHAUS?«

Italienische Kinder sind verwöhnt. Ist das nicht toll? Eine italienische Familie muss, soll, kann und darf ihre Kinder verwöhnen. Das Wort »verwöhnen« hat in Bezug auf Kinder eine ausschließlich positive Bedeutung, es gilt als etwas Wunderschönes, den Kindern Wünsche zu erfüllen, sie zu beschenken und möglichst immer Ja sagen zu können. Das Kinderzimmer meiner kleinen Cousine Samanta (das war die, die immer Mittagsschlaf hielt) war bis unter die Decke vollgestopft mit Puppen und Kuscheltieren. In Reih und Glied saßen auf Regalen, Kommoden und dem Bett rund zwanzig Barbies, fünfzig Bären und andere quietschbunte Tiere, mit denen sie spielen durfte. Samantas Mutter, meine »Zia Lia«, stellte diese Plüsch-Armee jeden Nachmittag neu auf. Manchmal nach Farben sortiert, manchmal nach Tierart und manchmal wild durcheinander. Wann immer ich dieses Zimmer betrat, musste ich zunächst instinktiv einige Meter zurückgehen, weil meine Augen so viel Information erst einmal verkraften mussten. Und die Bären-Puppen-Armee wuchs. Das Argument, sie hätte doch schon einen Bären oder eine Puppe, war eben keins. Zumindest nicht für geschenkwillige Verwandte. Italienische Kinder dürfen alles im Überfluss haben, man will einfach sicher sein, dass sie auch bestimmt nichts entbehren. Weil das unmöglich gesund sein kann.

Alessandra rief mich eines Tages vollkommen aufgeregt an, nachdem sie gehört hatte, dass es tatsächlich Eltern in Deutschland gäbe, die so arm seien, dass sie ihre Kinder nicht in einen richtigen Kindergarten schicken könnten. Stattdessen müssten die armen Würmer sommers wie winters ohne Barbies, piepende Autos oder anderes abwaschbares Spielzeug im WALD hausen. Das sei doch furchtbar, sie müsse ständig an die armen, frierenden Kinder denken. Ob man denn nichts dagegen unternehmen könne? Ich erklärte ihr, dass diese Eltern mitnichten arm seien – eher im Gegenteil – und sich lediglich für ein anderes Kindergartenkonzept entschieden hätten. Es sei Absicht, dass die Kinder im Wald spielten.

»Du willst mir doch nicht im Ernst erklären, dass erwachsene Menschen ihre Kinder jeden Tag ohne Not in einen Wald schicken und das so wollen? In Gottes Namen, warum tun sie so was?«

»Keine Ahnung? Die finden das gut«, argumentierte ich.

»Und die Kinder?«, fragte Alessandra zu Recht.

»Die auch, sonst würden die da nicht jeden Tag freiwillig hingehen.«

Alessandra brauchte einige Tage, um sich von dem Schock zu erholen, und zwischendurch fragte sie mich immer wieder, ob das wirklich ernst sei und kein Spaß, mit diesen »Waldkindergärten«.

Denn das italienische Erziehungskonzept, Kinder in Watte zu packen und zu verwöhnen, steht der Idee eines Waldkindergartens diametral entgegen. Deutsche Eltern härten ihre Kinder gerne ab. Die Bereitschaft zu einer gewissen Kargheit in der Erziehung und im Umgang mit den Kindern gilt als sinnvoll und modern. In Deutschland ist ein verwöhntes Kind nicht gerne gesehen. Verwöhnt zu sein, gilt als Makel. Eltern wollen Kinder, und vor allem Jungs, die nicht zimperlich sind, sondern hart im Nehmen und robust, damit sie später einmal Karriere machen können. Sogenannte soft skills wie Hilfsbereitschaft, Rücksicht und Empathie standen lange im Ruf, der Laufbahn eher abträglich zu sein. Erst in letzter Zeit besinnen sich die Personalentscheider, die emotionale Intelligenz von Bewerbern mitunter sogar höher einzustufen als deren Prüfungsnoten.

Während der Nürnberger Spielwarenmesse wurde im Radio darüber diskutiert, welche Spielzeuge Kinder »heutzutage« haben und womit sie gerne spielen. Eine Anruferin ließ mich aufhorchen: Eine – natürlich – fernsehlose Dame, die ihre Kinder in einen Waldkindergarten schickte und ausführlich berichtete, dass sie zu Hause kaum Spielzeug hätten, nur Bauklötze und Filzstoffe, berichtete, dass ihre Kinder damit immer zufrieden seien und sehr, sehr glücklich. Ihre Waldkinder würden mit Tannenzapfen und allem, was sie im Wald fänden, ihre Spiele bestreiten. Auf die Frage, ob die vorher kurz erwähnte Tochter denn wenigstens eine Barbiepuppe habe, verneinte die Waldkindergartenmutter heftig und sagte: »Meine Tochter braucht so etwas nicht.« Die Faszination, die von dem Beitrag der Dame ausging, betrifft nicht die Tatsache, dass sie ihre Kinder vom Konsum fernhalten möchte. Das ist ein hehres Ziel und sehr verständlich. Es ist die Überheblichkeit, mit der sie ihr Erziehungskonzept beschrieb. Sie hat's raus. Ihre Kinder haben nichts und brauchen nichts – sind aber glücklich. Wirklich glücklich. Ich fühlte mich sofort schuldig und schlecht. Ich bin in den Augen einer solchen Supermama nichts als eine konsumverseuchte Monstermutter, die ihrer Tochter nicht nur eine Barbie, sondern auch ein Barbiehaus mit Aufzug besorgt hat. Und ein Barbieauto. Und einen Ken. Sie spielte viele Jahre, Stunde um Stunde, zog ihre Barbie aus und um, kämmte sie und erklärte Ken, er müsse Rücksicht auf Barbie nehmen, weil sie eine harte Zeit durchmache. Kurz zuvor hatte sie ihrer Barbie das Haar dramatisch gekürzt, und nun litt die Puppe an ihrer neuen Frisur. Ankleben funktionierte nicht. Und so weiter. Unser Sohn besitzt natürlich eine Carrerabahn – die sind seit Jahrzehnten aus Plastik, aus Holz hätte das auch keinen Sinn, wie soll man denn damit einen anständigen Auffahrunfall provozieren? Die kleinen Autos mit den Stromabnehmern sind winzige Manifeste der Industriekultur. Na und? Doch für manche Mütter in meiner Umgebung ist das trotzdem Frevel. Dann ziehe ich mich immer mit der Ausrede aus der Affäre, dass die Rennbahn vom Nonno geschenkt wurde. Und der bemisst den Wert eines Geschenkes nicht an seinem ökologischen Standard, sondern daran, ob es den Empfänger glücklich macht. Ich finde, das muss man akzeptieren, solange keine 500 PS starken Sportcoupés oder Kohlekraftwerke unterm Weihnachtsbaum liegen. Mein Einwand, die Bahn sei sehr groß, vielleicht ein bisschen zu groß für das Kinderzimmer unseres Sohnes, wurde mit der Aussage weggewischt: Der Köder muss dem Fisch schmecken und nicht dem Angler. Mein Vater sagte, sein Enkel hätte gerne so ein Ding, davon würde er seit Monaten sprechen, und was ich denn für eine Mutter sei, ihrem Sohn das Spielzeug zu missgönnen. Am Ende würde ich noch so eine von denen, die den Fernseher abschaffen wollten. Davon habe er auch schon gehört. Dass es Menschen gäbe, die absichtlich, obwohl sie es sich leisten könnten, keinen Fernseher hätten. Vollkommen verrückte Idee, fand er. Ich erinnerte ihn an Familie Reindecker, die es sich zur Aufgabe gemacht hatten, ihre Kinder ohne Fernseher aufzuziehen, obwohl der Hausherr gerne mal Fußball geschaut hätte. Seine Frau wollte ihre Kinder dem schädlichen Einfluss von Biene Maja, der Sesamstraße und Kimba dem weißen Löwen um keinen Preis aussetzen. Also durfte der arme Mann die Bundesliga entweder nur bei Freunden schauen – was die Mutter der Kinder als Verrat und schlechtes Beispiel empfand – oder in der Zeitung darüber lesen. Das führte natürlich zu einigem Verdruss. Besonders, wenn mal wieder von einem Jahrhunderttreffer beim Spiel Bayern München gegen Borussia Dortmund die Rede war oder Meilensteine des Fußballs zementiert wurden. Zum Beispiel, als Ewald Lienen nach einem Foul von Norbert Siegmann der Oberschenkel von einem Alustollen aufgeschlitzt wurde. Diese offene Wunde, in der man meinte, den Oberschenkelknochen zu sehen, führte dazu, dass im Fußball die Kunststoffstollen eingeführt wurden. Aber Herr Reindecker konnte zu diesem sensationellen Foul am nächsten Tag im Büro leider nichts sagen, weil er ja keinen Fernseher besaß.

Aber dafür konnte Frau Reindecker bei jedem Elternabend in der Schule betonen, dass ihre Kinder immer draußen seien und noch nicht durch stundenlanges Herumsitzen vor dem Fernseher übergewichtig und antriebslos dahindümpeln würden.

Und wenn wir schon dabei sind: Nicht nur die Kinder ohne Fernseher haben es anscheinend leichter im Leben sondern auch die, die kein Fleisch essen müssen. Vor allem, wenn ihre Eltern vor lauter missionarischem Eifer Schaum vor dem Mund bekommen: Eine Mutter im Kindergarten, anscheinend Vegetarierin, tobte eines Tages, als wir über die Verteilung von Kuchen oder Wiener Würstchen an Kindergeburtstagen berieten: »Müssen die Kinder denn unbedingt tote Tiere essen?« Alessandra verdrehte nur die Augen und schlug vor: »Hey, wie sieht's aus, wollen wir nächste Woche alle zusammen ein kleines, plüschiges Hasenbaby schlachten?«

Das Problem dieser vegetarischen Mutter war eigentlich nicht ihre Weigerung, Tiere zu essen, das kann ich als Tierliebhaberin sogar gut verstehen, sondern der Impetus. Eine Freundin erzählte von einer fast schon religiös beseelten vegetarischen Schulfreundin, die immer »Mörder« in ihre Richtung zischte, wenn sie in ihrem Beisein Fleisch aß.

Hätte diese Mutter im Kindergarten ohne jede Häme gefragt, ob wir denn auch mal eine vegetarische Variante des Geburtstagsessens wählen könnten, wäre niemand auf die Idee gekommen, sie für eine Verrückte zu halten.

»SIND ALLE ITALIENISCHEN MÄNNER SCHWUL?«

Nicht ohne Grund gelten die Italiener als das schickste Volk der Welt. Kleidung, ein gepflegtes Äußeres und Lust auf einen schönen Duft sind eine Art Grundrecht im Süden. Wenn mein Vater mir als Kind einen Kuss gegeben hat, duftete meine Wange noch Stunden später nach seinem Aftershave. Er hatte viele Lieblingsdüfte. Und sehr viele Flakons und Wässerchen auf seiner Seite im Bad stehen. Ich übertreibe nicht, wenn ich behaupte, dass er dort mehr Zeit verbracht hat als meine Mutter. Wenn ich in den Achtzigerjahren meine Verwandten in Italien besuchte, musste ich zu meiner großen Verwunderung oft feststellen, dass viele Jungs in meinem Alter gnadenlos gestylt, adrett, gepflegt und geschniegelt aussahen – und zwar so geschniegelt, dass manchmal ein Verdacht aufkam. Wenn ich die gleichen jungen Männer in diesem Aufzug auf der Kö in Düsseldorf getroffen hätte, wäre ich von ihrer Homosexualität überzeugt gewesen.

Im Unterschied zu den deutschen Jungs damals legten die italienischen Männer schon immer großen Wert auf ihr Äußeres. Sie wurden bereits als kleine Kinder darauf getrimmt, denn italienische Mütter machen keinen Unterschied, ob sie ein Mädchen oder einen Jungen herausputzen. Die Haare der Jungs werden gewaschen, geschniegelt und gestriegelt wie das Fell von Moorlands Totilas, dem zurzeit teuersten Dressurpferd der Welt. Besonders wichtig: die Garderobe. Frisch geborene Babys werden nur in feinste, weichste Stoffe gehüllt und ohne Rücksicht auf das Geschlecht in Rüschen gepackt, dass sie aussehen, als wären sie in einen Topf Sahne gefallen. Die Regel hellblau für Jungs und rosa für Mädchen existiert dort nicht. Völlig selbstverständlich tragen italienische Männer rosa – egal ob sie drei Wochen alt sind oder 30 Jahre. Warum auch nicht?

Bis zum Alter von etwa vier Jahren flitzen italienische Jungs herum wie Little Lord Fauntleroy. Gerne gesehen: weiße Hemden mit schnieken blauen Hosen und Strickjäckchen – in der passenden Farbe, das versteht sich von selbst. Lackschuhe sind in dem Zusammenhang auch keine Seltenheit. Sobald sich die Jungs artikulieren und wehren können, wird der etwas übertriebene Preppy Style zwar unterbunden, aber nach wie vor wird die Garderobe sorgsam ausgewählt. Italienische Männer sind stets interessiert an Schönheit. Ob es dabei um ein Gebäude, Frauen oder Kleidung geht, ist egal. Deutsche Männer haben es lieber praktisch. Das führt dann allerdings zu amphibischen Sandalen, wasserabweisenden Hosen und Bauchtaschen zum Umschnallen.

Auch wir durften bereits als Kinder aussuchen, was uns gefällt. Ich habe wahrscheinlich deshalb seit meiner Geburt einen tragischen Hang zu teuren Schuhen. Meine Mutter berichtet mir heute noch, wie mein Blick im Schuhgeschäft immer automatisch auf den teuersten Schuh des ganzen Ladens fiel.

Doch woher kommt es, dass italienische Kinder aussehen wie der kleine Lord mit dunkler Perücke und eine durchschnittliche deutsche Kindheit mit Erinnerungen an kratzige Wollstrumpfhosen und praktische Klettverschlussschuhe gepflastert ist?

Das Bestreben der Italiener, ihre Kinder in einem für sie angemessenen Outfit zu präsentieren, hat vermutlich mit ihrem Wunsch nach Aufmerksamkeit zu tun. Doch eigentlich ist die Kunst der »bella figura« nur ein Versuch der Italiener, über ein anderes Defizit hinwegzutäuschen: sie sind unfassbar unpraktisch. Deutschland steht weltweit für kluge Erfindungen, einen hohen technischen Standard, eine florierende Wirtschaft und ein funktionierendes Sozialsystem. Diese Meriten, die sich Deutschland erworben hat, sind gewachsen auf jahrhundertealten, offenbar genetisch weitervererbten Begabungen. Deutsche sind nun einmal talentierte Ingenieure, geniale Erfinder und unheimlich gut darin, Systeme zu erfinden, die Chaos in Ordnung verwandeln. Aus Italien hingegen kommen zwar die begabtesten Maler, Modedesigner, Künstler und Architekten, doch macht es trotzdem mehr Spaß, mit einem Mercedes durch den TÜV zu kommen als mit einem Fiat.

Italienische Jungs unterscheiden sich aber nicht nur durch ihre Kleidung von Deutschen. Deutsche Männer sind archaischer als italienische. Härter und rauer, robuster und kratziger. Kleine Jungs in Italien dürfen weinen und müssen sich nicht ständig diesen »Indianer weinen nicht«-Quatsch anhören. Wenn's wehtut, tut's weh.

Auch später zeigen italienische Männer diese weiche Seite – besonders stark innerhalb der Familie. Italienische Männer herzen, knuddeln und knutschen ihre Kinder hemmungslos und demonstrieren auch ihre Begeisterung über kleine Kinder ganz anders. Mein Vater, der immer unheimlich stolz war auf seine Tochter, sagte allen – auch und besonders denen, die es nie hören wollten, also Kellnern, Polizisten, die seine Papiere kontrollierten, oder Arbeitskollegen – wie grandios ich sei. »Besten von Besten«, betonte er immer, »meine Bambini sind Besten.« Diese Vernarrtheit in den Nachwuchs war mir als Jugendliche manchmal peinlich, im Vergleich zu den deutschen Vätern meiner Freunde wirkte es irgendwie unmännlich. Aber in Wahrheit sehnten sich diese teutonischen Mannsbilder danach, auch mal ein goldenes Kreuz auf der Brustbehaarung zu tragen oder einen rosa Pullover in ihrem Schrank zu finden. Und nicht gleich hysterisch zu werden, wenn der Sohn den Lippenstift der Mutter ausprobiert und auf den hohen Hacken laufen übt.

Wir haben übrigens einen Herrn im Freundeskreis, der sich zum Beispiel nicht die Haare föhnt, weil er glaubt, davon würde man schwul werden.

Eine befreundete Psychologin erklärte mir, es sei wichtig, seine Kinder ab und zu hübsch anzuziehen, weil die Umwelt, also fremde andere Menschen, dann besonders positiv auf die Kinder reagieren würden. Ob das stimmt, weiß ich nicht. Aber die Hoffnung stirbt zuletzt. Es wäre schon toll, wenn Nachbarn auf gut gekleidete Kinder angemessen reagieren würden. Anstatt »Verpisst euch von meinem Grundstück, ihr dämlichen Blagen«, sagt der nette Nachbar dann: »Na, kleiner Mann, du siehst aber hübsch aus heute. Soll ich dir mal deinen Ball zurückgeben?«

Wie bereits erwähnt, sind die Italiener nicht sonderlich berühmt für ihre praktische Art. Ihre Synapsen sind anders verknüpft. Die Spaßmaxime steht eindeutig im Vordergrund.

Alessandra wurde von der Kindergärtnerin ihres Sohnes gerügt, weil sie keine Matschhose für ihren Sohn hatte. Alessandra sagte, die würde sie aus Italien nicht kennen und sie wären ihr auch ein bisschen zu hässlich. Und dieses eigenartige Material sei doch bestimmt unangenehm zu tragen. Wenn sie eine schöne, elegante fände, würde sie diese sofort kaufen. Aber so lange müsste ihr Sohn ohne auskommen. Das Argument der Kindergärtnerin, eine wenn auch hässliche Matschhose sei aber praktischer, erreichte Alessandra nicht. Dabei hatte die Kindergärtnerin damit völlig recht. Ich hielt Alessandra ein dunkelblaues Exemplar hin, das meiner Tochter gehört hatte, und erklärte ihr die Vor- und Nachteile einer Matschhose und die Vor- und Nachteile einer Erkältung, die ihr Sohn mit einem feuchten Hosenboden und klammen Jackenärmeln im Herbst ständig haben würde. Sie lenkte ein und verabredete sich mit mir zum Einkaufen.

Unser Weg führte uns in verschiedene Geschäfte mit reichlich Auswahl an Kinderbekleidung für alle möglichen Wetterlagen. Die Frage, warum auf alle Kinderartikel kleine Tiere gedruckt sein müssen, konnte ich ihr nicht beantworten. Wir liefen stundenlang durch die Innenstadt, in die Geschäfte rein und wieder raus. Ohne Tüten. Alessandra kaufte nichts und sagte später frustriert: »Warum muss hier alles praktisch und hässlich sein? Unpraktisch und schön wäre mir lieber.« Ich sagte: »Wie wär's mit praktisch und schön, das wäre doch perfekt.«

Der Wunsch deutscher Eltern nach praktischen Waren hat außer deren offensichtlicher Sinnhaftigkeit noch einen anderen Hintergrund. Denn das Praktische ist ganz oft auch wiederverwertbar. Und wiederverwertbar ist gut! Die Deutschen sind vermutlich Recycling-Weltmeister. Wir Deutschen recyceln Flaschen, Dosen, Papier, Plastik, Holz, Schlagermusik und – getragene Kleidung.

Wenn man Mäntel, Hosen und Jacken nicht mehr

braucht, werden sie nicht weggeworfen. Erst versuchen deutsche Mütter diese Kleidung zu verkaufen. An Second-Hand-Läden. Oder sie wird weitergegeben. Entweder an Freunde oder Verwandte, und wenn sie gar nichts mehr taugt, an karitative Einrichtungen. Wir Deutschen schmeißen halt nicht gerne was weg. Den Satz: »Wieso, der Mantel ist doch noch tadellos« aus »Pappa Ante Portas« hat sich Loriot sicherlich nicht ausdenken müssen, sondern viele Male gehört.

Alessandra vermutet, deutsche Eltern seien zu geizig, ihren Kindern immer neue schöne Kleidung zu kaufen, während sie ein unfassbares Geld in ihre Autos und Wohnzimmereinrichtungen stecken. Aber das ist nicht ganz richtig, denn Kleidung, die man mehrfach weitervererben kann, muss qualitativ gut sein und ist deshalb in der Regel nicht billig. Es ist eine Einstellungssache der Deutschen. Vielleicht ein Überbleibsel aus Nachkriegszeiten, in der das Weitervererben von Kleidung lebenswichtig war. Aber der Gedanke führt nicht weit, denn in Italien gab es auch eine Nachkriegszeit. Womöglich sind die Italiener nur mehr begeistert davon, diese hinter sich gelassen zu haben.

Eine deutsche Freundin von mir wollte ihrer italienischen Nachbarin einmal einen ganzen Karton mit gebrauchter Kinderkleidung schenken. Sie schleppte also den übervollen Umzugskarton zur nachbarlichen Wohnung und klingelte. Als die Italienerin den Karton sah, fragte sie freundlich, was denn darin sei. Als meine Freundin antwortete, das sei gebrauchte Kinderkleidung und die könne sie doch bestimmt gut gebrauchen, konnte man das Fragezeichen im Gesicht der Nachbarin deutlich sehen. Sie antwortete ein bisschen sehr schnell, das sei wirklich nett, aber ihre Kinder hätten eigene Kleidung. Dankeallessehrliebgedacht und so weiter. Es klang freundlich, besaß aber einen deutlich empörten Unterton, der meine Freundin wiederum brüskierte. Ich klärte sie darüber auf, dass viele Italiener es als Beleidigung empfänden, wenn man ihnen alte Kinderkleidung schenke. Es könnte der Eindruck entstehen, dass man zu arm oder zu geizig sei, um die Kinder vernünftig anzuziehen. Deshalb sei es eine etwas schwierige Sache mit dem Vererben von Kleidung an Italiener.

Wenige Tage später traf ich eine Mutter im Kindergarten, die ihre Tochter mit Röcken, Kleidern und Pullovern ausstaffierte, die einem die Tränen in die Augen schießen ließen. Ich ging davon aus, dass die Familie bedürftig sein müsse, und überlegte schon seit Längerem, ob ich dieser Mutter einige Kleidungsstücke von meiner Tochter anbieten sollte, was ich dann auch tat. Die Frau bedankte sich herzlich für das Angebot und entgegnete, ihre Tochter habe einen ganzen Schrank voller schöner, neuer Kleidung. Ich war überrascht. Dann sagte die Mutter, dass sie für den Kindergarten grundsätzlich nur Sachen herauslegen würde, die schmutzig werden dürften. Die schönere Kleidung trage die Tochter nur »zu Hause oder zu besonderen Anlässen«. Das sei praktischer so. Praktisch. Soso. Merkwürdig, aber auch überlegenswert.

Deshalb stelle ich mir diese Frage jetzt mal selbst. Was ist so falsch daran, wenn man praktisch denkt? Nichts. Gar nichts. Aber die Welt wird nun mal nicht schöner durch praktische Dinge. Schönheit ist wichtig für die Seele und fürs Wohlbefinden. Das Leben ist schließlich keine Pflichtübung, in der es darum geht, seine Zeit auf diesem Planeten möglichst schnell und fehlerfrei zu absolvieren. Die Dinge im Leben, an die man sich am liebsten erinnert, sind nun mal die schönen Momente – nicht die praktischen.

Warum ist der Wunsch nach schönen Dingen immer ein bisschen verwerflich, wenn es in Deutschland um Kinderkleidung geht?

Alessandra hat am Ende doch noch eine Matschhose gekauft. Und: Sie war total begeistert, wie praktisch und großartig diese Matschhose sei, weil ihr Kind jetzt überhaupt keinen nassen Popo mehr bekommen könne und überhaupt. Abwaschbar und unverwüstlich und in drei verschiedenen Farben gäbe es dieses Premiumprodukt. Sie sei entsetzt, dass man diese geniale Erfindung jahrelang vor ihr verheimlicht hätte, und sie würde, wenn sie das nächste Mal nach Italien führe, eine große Kiste voller Matschhosen mitnehmen und allen Schwestern, Cousinen und Cousins diese wunderbare Gummibeinkleidung schenken.

Meine Tochter war vier, als sie sagte: »Mama, wenn du jetzt bald stirbst, kann ich dann deinen Schmuck haben? Und alle deine Kleider?« Das lässt einen doch hoffen. Ich kann beruhigt in die Grube fahren, meine Tochter trägt dann meinen Schmuck und hübsche Kleider. Bestens.

»RUF DOCH MAL MEINE MUTTER AN UND FRAG, WIE DAS RICHTIG GEHT«

Vor vielen Jahren, als mein Mann noch nicht auf der Welt war, bat mein Schwiegervater seine Frau, ihm doch mal Buletten, wie er als Berliner dazu sagt, zu braten. Also machte sich meine damals jungverheiratete Schwiegermutter auf den Weg, besorgte alle Zutaten und briet ihm nach bestem Wissen und Gewissen, und natürlich mit viel Liebe, eine Pfanne voller Buletten. Als mein Schwiegervater davon kostete, musste er feststellen, dass die Fleischklopse nicht seinen gewohnten Ansprüchen genügten, und bat seine junge Gattin, doch mal seine Mutter anzurufen, die würde ihr dann schon sagen, »wie das richtig geht«.

Daraufhin bekam er von seiner jungen Frau den Teller mit den nicht angemessen hergestellten Buletten an die Birne geworfen.

Jede deutsche Hausfrau würde in so einem Fall sagen: Das geschieht dem Mann recht, warum beleidigt er seine treu sorgende und kochende Ehefrau so rüde? Diese »Mama-ist-die-Beste«-Attitüde geht doch gar nicht.

In Italien hingegen würde sich die Ehefrau gar nicht erst darüber aufregen, sondern die Schwiegermutter gleich fragen, wie sie die »Polpette« mache – und diese dann genauso herstellen, wie es der Herr Mario oder Fabrizio gewohnt ist. Italienische Männer pflegen eine sehr innige Beziehung zu ihren Müttern, die einer deutschen Frau sicherlich brutal auf die Nerven ginge.

Deutsche Mütter sind vielleicht manchmal etwas hart zu ihren Jungs, aber sie prägen die jungen Männer durch ihre eigene emanzipierte Haltung.

Wenn man jetzt aber erstens bedenkt, dass der Herr Mario oder Fabrizio immerhin bis zu seinem 32. Lebensjahr bei Mama gewohnt hat und zweitens von ihr umsorgt und gehegt wurde wie ein Welpe, dann wundert einen nichts mehr. Zudem haben Italiener die Schrulle, mit geradezu fanatischer Dringlichkeit auf die gewohnte Herstellung von Speisen zu bestehen, die genau so und keinen Deut anders gemacht werden dürfen.

Spaghetti Carbonara werden mit Ei, Sahne, Pancetta (das ist ein italienischer Schweinespeck) und einem Hauch Knoblauch zubereitet. Varianten mit Erbsen oder anderen Lebensmitteln wie etwa gekochtem Schinken oder Butter gelten mindestens als peinliche Geschmacksverirrung, mancherorts sogar als strafbares Verbrechen. Und dass bestimmte Nudelsaucen nur mit dafür vorgesehenen Pastasorten vermischt werden dürfen, steht quasi in der italienischen Verfassung. Zum Beispiel wird Pesto IMMER mit langen Nudeln gegessen. Alles andere ist Frevel. Natürlich gibt es nachvollziehbare Gründe für diese Saucen-und-Pasta-Geschichte. Einer liegt in der Saucen-Aufnahmefähigkeit der Nudelsorten, die sehr stark variiert. Schmale Rillen, Ausbuchtungen oder Kanten werden nicht aus Daffke bei der Nudelherstellung in die Pasta fabriziert, sondern um die Saucenhaftung zu verändern. Es ergeben sich daraus Gesetze, die von den Italienern im Allgemeinen ernster genommen werden als Zollbestimmungen oder Durchfahrtsverbote.

Wenn ein junger Ehemann unbedingt eine Portion Bucatini all'amatriciana, essen möchte (das ist eine römische Sugo aus Speck, Tomaten, Pecorino, Chillischoten und Olivenöl) und seine Frau statt Speck eine Wurst in diese Sauce mischt, kann es sein, dass er sich a) beschwert, b) seine eigene Mutter bittet, ihr das mal richtig zu erklären und c) ihm alle zustimmen, dass er richtig gehandelt habe. Denn wo hätte man so was schon gehört, Bucatini all'amatriciana mit Wurst? Das könne man auf keinen Fall so essen, und wenn doch, dann auf keinen Fall unter dieser Bezeichnung.

Die korrekte Zubereitung von Speisen wird in Italien sehr ernst genommen und von Mutter zu Tochter und – erfreulicherweise neuerdings – auch zu Sohn weitervererbt. Auch Männer kochen in Italien, das ist mittlerweile selbstverständlich. Die Generation meines Vaters gehört jedoch noch nicht dazu. Er wurde noch in dem Glauben erzogen, dass es für einen Mann reicht, ein guter Esser zu sein, und dass Männer in der Küche nichts zu suchen haben, außer vielleicht ihre Spielkarten. Ich schwöre, dass ich noch nie gesehen habe, wie mein Vater irgendetwas in der Küche zubereitet hätte. In meinem ganzen Leben nicht. Nicht mal ein Spiegelei. Nichts. Nada. Ich nehme an, dass er nicht einmal weiß, wo seine Frau die Eier aufbewahrt.

Kochen lernt man in Italien durchs Essen. Man spricht über Lebensmittel, erzählt, was man wo gekauft hat und wie viel davon. Schon als kleines Kind hat meine Nonna mir, während sie mir ihre Pasta fütterte, erklärt, was alles darin ist, und wie sie es gekocht hatte und wie viele Stunden. Welche Kräuter sie benutzt hatte und welche Gewürze. Wie ihre Mama – also meine Uroma – ein bestimmtes Gericht in Sizilien gekocht habe und wie man dort Salami herstelle.

Zu meinen schönsten Kindheitserinnerungen gehört das Bild, wie meine Nonna und meine Tanten einen riesigen Topf im Hof des Mietshauses aufgestellt und kistenweise Eiertomaten eingekocht haben. Dieses Sugo-Kochen dauerte immer einen ganzen Tag, von morgens sieben bis abends neun Uhr. Wir Kinder durften die Flaschen verkorken und hatten ein Kopftuch umgebunden, wie meine Nonna. Mit der dabei hergestellten Sugo wurde dann ein Jahr lang jede Tomatensauce gekocht. Die Flaschen wurden mithilfe einer uralten Kronkorkenmaschine verschlossen und anschließend in dunklen Kellern und Vorratskammern gehütet wie der heilige Gral. Auch Salsiccia stellte meine Nonna früher selbst her. Diese scharfe Salami, die es auf diese spezielle Art auch nur in Molise gibt – der Region, in der meine Familie wohnt –, schmeckt für mich heute noch nach Kindheit und Italien.

Zu meinen frühesten kulinarischen Erinnerungen gehört aber auch, wie meine Nonna Emma einem Hahn eigenhändig die Gurgel umdrehen konnte. Als Sechsjährige stand ich einmal fasziniert vor ihr und sah neugierig zu, wie sie ihren alten Hahn Beppo auf dem Schoß hielt, der sich recht erfolglos gegen den Klammergriff dieser ansonsten vollkommen zarten Frau wehrte. Meine Nonna sah zwar nicht so aus, als könne sie einen panischen Hahn festhalten oder gar mit bloßen Händen den Garaus machen, erledigte dies jedoch mit einer Ruhe und Überlegenheit, die mich damals völlig aus dem Konzept brachte.

Ich habe damals genau in diesem Moment einen Zusammenhang zwischen Beppo, der sich im Würgegriff meiner Großmutter befand, und dem Pollo al Limone hergestellt, das meine Nonna für mich später braten wollte. Seitdem habe ich großen Respekt vor den Tieren, die sterben, damit ich sie essen kann. Mundgerecht geschnittene Fleischstücke im Kühlregal sind für mich keine tote Biomasse, die ich in meiner Küche zubereite, sondern Tiere, die man umgebracht, gehäutet und ausgenommen hat.

Meine Nonna kannte die Tiere, die sie aß, sogar persönlich, mit Namen. Sie war auf einem Bauernhof aufgewachsen und konnte alles kochen, selber herstellen oder töten, was man für eine gute Küche braucht. Mit einer Mutter aufzuwachsen, die alle Grundlagen des Kochens wirklich beherrschte, bedeutete für meinen Vater, jahrelang unglaublich gut und schmackhaft zu essen. Die Latte für gute Küche hängt in Italien nun mal ein Stück höher als in Deutschland.

Die Italiener sind sehr selbstbewusst, was ihre Esskultur angeht. Mein Vater hat uns schon immer auf die italienische Küche eingeschworen. Sie sei die Beste auf der ganzen Welt, und die anderen Länder würden sowieso nur alles von ihr abkupfern, und die asiatische Küche sei das Letzte: »Wer soll die kalte Fisch mitti Reis esse, Bini do keine Katze. Unte die Grieche kannte die gar nixe koche, grille die alles, au Suppe. Unte die Franzose esse Frosche unte stopfe arme Ganse zu Tode mitti Trichter, isse feine Lebensarte. Glückewunsche!«

»WARTE NUR AUF DEINEN PRINZEN«

In Italien heißt es nicht nur »Mama ist die Beste«, sondern auch: »Mädchen sind Prinzessinnen«. Immer und überall. Ab dem ersten Lebenstag werden sie auf Mädchen getrimmt, auf Dame und Fräulein. Sobald der Familie mitgeteilt wird, welches Geschlecht dem Neugeborenen zuteil wird, zücken die Verwandten die Geldbörsen und eilen zum Babyausstatter, um die junge Dame modisch sofort in die richtigen Bahnen zu lenken. Und natürlich wird dabei genau darauf geachtet, dass Mädchen auch richtige Mädchenkleidung bekommen. Die Konsequenz, mit der die Natur uns bis auf wenige Ausnahmen in weiblich und männlich aufgeteilt hat, kommt der italienischen Trägheit gerade recht. Alles, was diese natürliche Simplizität durcheinanderbringt, macht sie nervös.

Ich las vor Kurzem in der Beilage einer großen deutschen Tageszeitung von einer Mutter, die ihr Kind geschlechtsneutral erzieht. Das bedeutet, dass sie es aufwachsen lässt, ohne ihm oder ihr und der gesamten Umwelt mitzuteilen, ob er oder sie ein Mädchen oder ein Junge ist. Sie verspricht sich davon, dass ihr neutrales Geschöpf unbelasteter aufwachsen kann.

Ich frage mich, wie das gehen soll, sobald das Kind ein eigenes Bewusstsein dafür entwickelt, dass es verschiedene Geschlechter gibt. Was wird in ihm vorgehen, wenn es sich eines Tages nackt wahrnimmt und sieht, dass da etwas zwischen seinen Beinen ist? Was wird in ihm vorgehen, wenn es im Laufe seines Kleinkindlebens andere Kinder unbekleidet im Planschbecken sieht? Und wenn das Kind nicht blöd ist, wird es auch sonst Fragen zum Thema haben. Werden die einfach nicht beantwortet? Und wenn doch, wie?

Zudem muss sich die Mutter, um diese Neutralität zu ermöglichen, jahrelang gegen Kindergärtnerinnen, Lehrerinnen und Lehrer, Verwandte und Freunde durchsetzen, die sicherlich nicht immer ausreichend Verständnis signalisieren. Um Himmels willen. Wenn das Verfahren tatsächlich zum Ziel hat, die Geschlechterdebatte zu verhindern, so kann man bereits jetzt konstatieren, dass es nicht funktioniert. Bei so ziemlich keinem Kind der Welt ist das Geschlecht nämlich so wichtig, wie bei diesem mütterlicherseits als geschlechtslos definierten Wesen. Spätestens in der Pubertät wird dann der Spuk vorbei und das Trauma groß sein, wenn ihm sein Geschlecht eine schockierende Fratze, mitsamt Pickeln und Körperbehaarung und dem ganzen unappetitlichen Gesäftel zeigt. Und dann kommen auch noch amouröse Gefühle dazu. Und das arme geschlechtsneutrale Ding muss ganz von vorn anfangen und erst mal die Lücke entdecken, in die es sich einordnet? Ich finde, das klingt nach einem hammeranstrengenden Plan.

Natürlich handelt es sich hier um eine auch in Deutschland skurrile Episode, die jedoch auf einer wichtigen Überlegung keimt: Wir sollten die Chancenungleichheit zwischen Mann und Frau nicht schon in der frühen Kindheit dadurch zementieren, dass wir Jungen und Mädchen unterschiedlich behandeln. Der Gedanke erscheint statthaft, jedenfalls in Deutschland. In Italien hingegen klingt er völlig absurd.

Italienische Eltern freuen sich, wenn sie wissen, ob's a Bub oder a Mädel ist. Denn dann weiß man, wo es langgeht und kann sich entsprechend verhalten. Mädchen bedeutet: Puppen, alles in Rosa, Rüschen, geblümte Bikinis, Barbies, Modeschmuck, Frisur und ab einem bestimmten Alter nicht mehr alleine auf die Straße lassen. Kleine italienische Mädchen sind Thronfolgerinnen. Sie lernen von klein auf, dass es Männersachen und Frauensachen gibt. Und wenn man schlau ist, wird das besser nicht miteinander vermischt. Ich habe noch nie gesehen, wie eine meiner Cousinen ein Regal aufbaut und an die Wand dübelt.

Genauso habe ich noch nie einen meiner Cousins beim Badezimmerputzen erwischt. In meiner italienischen Familie werden die Aufgaben des Lebens seit Jahrhunderten mehr oder weniger gerecht und vor allem geschlechtsspezifisch verteilt. Mädchen schleppen keine Möbel oder kümmern sich um das Auto, wenn es in die Inspektion muss. Mädchen sind nicht burschikos und sie versuchen nicht wie Jungs auszusehen. Mädchen sind lieb, charmant, duften gut, pflegen sich, geben sich ladylike und fluchen auf keinen Fall wie ein Kutscher. Dann kommt kurz die Pubertät dazwischen – da ist selbstverständlich alles anders und nichts mehr mit charmant und lieb –, aber danach geht es wieder so weiter. Mädchen werden Frauen und warten auf den Prinzen, der auf einem Schimmel herangeritten kommt, um sie möglichst romantisch zu freien.

Als ich nach dem Abitur in Rom lebte, musste ich feststellen, dass meine gleichaltrigen italienischen Kommilitoninnen ganz anders waren als ich. Ich bin kein männlicher Frauentyp, weder besonders kräftig noch breit oder groß. Aber pragmatisch und manchmal kumpelhaft mit Männern. Auch mein etwas bundeswehrartiger Humor ist sicherlich gewöhnungsbedürftig. Komischerweise gaben mir die Römer aber zu verstehen, dass sie gerade das mochten. Von den blonden Haaren jetzt mal abgesehen. Deutsche Frauen üben eine enorme Anziehungskraft auf südländische Männer aus, was hinlänglich bekannt ist. Ich möchte aber jetzt und hier den Mythos, dass das nur an den helleren Haaren liegt, ein bisschen ins Wanken bringen. Italienische Männer mögen das Zupackende, Forsche, Pragmatische, das viele Teutoninnen mitbringen. Das Theater mit den Prinzessinnen kennen die schon von ihren Müttern und Schwestern, seit sie auf der Welt sind. Es ist auch keineswegs so, dass sie ihre feurigen Prinzessinnen nicht mögen würden oder das Weibliche daran. Aber wenn dann die lustige deutsche Frau mit den blonden Haaren an der Piazza steht und diese ganz andere Ausstrahlung hat, die ihnen nicht nur Tür aufhalten und in die Jacke helfen abverlangt, dann entwickeln unsere verwöhnten Südländer Sehnsüchte nach etwas anderem. Es ist die Kombination. Ich behaupte, dass viele deutsche Frauen in Jeans und Hemd die Mülltonne mit einem Hochdruckreiniger säubern und wenige Stunden später in einem netten Kleidchen und hohen Schuhen auf eine Party wackeln können. Kein Problem. Deutsche Frauen können, müssen, sollen nämlich den Spagat hinbekommen, in der Männerwelt zu bestehen. Karrieristin und gleichzeitig liebevolle Frau und Mutter zu sein. Den italienischen Frauen wird dieser Spagat von der Männerwelt nicht abverlangt. Sie dürfen immer Frau sein und sich auch das eine oder andere Mal bequem zurücklehnen und mit dem Verweis, »das sei Männerarbeit« zurückziehen.

Als ich einem Kollegen während meiner ersten Schwangerschaft erzählte, ich bekäme ein Mädchen, meinte der, das sei ja super, denn Mädchen seien als erstes Kind leichter zu verkraften. Ideal sozusagen, um »zu üben«. Ich habe die Dimension seiner Botschaft erst viele Jahre später begriffen. Denn tatsächlich habe ich heute den Eindruck, dass Töchter pflegeleichter sind als Jungs, vor allem, wenn sie unter einem Meter Körpergröße sind und sich nicht wehren können.

Heute sehe ich, dass deutsche Mädchen zwar mehr Freiheiten, es aber deswegen nicht leichter haben. Sie müssen lernen, Mann und Frau zu sein. Immer abwechselnd, je nachdem, was sie im Leben gerade brauchen, um ihre Ziele zu erreichen. Im Beruf müssen Frauen ihren Mann stehen, sie werden immer noch für die gleichen Berufe schlechter bezahlt und bekommen Gesteinsbrocken in den Weg gelegt, wenn sie Karriere und Kinder vereinen wollen. Wenn sie als Führungskraft Entscheidungen treffen, die schwerwiegende Konsequenzen haben, gelten sie als unweiblich und hart. Dieselbe Führungskraft soll dann abends vor Gästen die charmante Gastgeberin spielen, die natürlich phantastisch kochen kann und eine perfekt organisierte liebevolle Mutter ist. Darüber hinaus wäre es wünschenswert, wenn sie noch bildhübsch ist, belesen, natürlich schlank, sportlich und sich nach dem Sex in einen Kasten Bier verwandelt. Prost.

»HABT IHR NOCH HUNGER?«

Wann immer ich Gäste einlade, überkommt mich ein Drang zu Hamsterkäufen. Als ich mit meinem Mann zum ersten Mal für Freunde kochen wollte und eingekauft hatte, fragte er mich beim Anblick der Lebensmittel, die auf der Küchenarbeitsfläche standen, ob meine gesamte italienische Familie auch zum Essen käme. Ich verneinte und erklärte ihm meine panische Angst davor, dass die Gäste womöglich hungrig nach Hause gehen müssten. Das wäre das Allerallerschlimmste. Eine Katastrophe, ein Desaster.

Eine Freundin berichtete mir mal von einem Abendessen, bei dem die Gastgeber jeden Gang geplant und die Portionen genau abgemessen hätten. Und zwar im Voraus und somit ohne zu wissen, wie viel jeder Gast würde essen wollen. Das Ehepaar ging dabei einfach von der Portionsgröße aus, die es selbst gewohnt war. Im Grunde bestimmten sie also, dass jeder Gast genauso viel würde essen wollen wie sie selbst. Eine zweite Portion war nicht eingeplant – weil die Gastgeber nun mal keine zweiten Portionen mögen. Das führte am Ende des Abends dazu, dass sich die Gäste sofort nach der absolvierten Essenseinladung draußen vor der Tür zu einer Pizza beim nächsten Italiener verabredeten.

Ich war vor Jahren selbst einmal bei einem Paar eingeladen, das eine Flasche Bier glasweise reihum auf winzige Gläser verteilte und den Bierrest anschließend wieder zurück in die Küche trug. Eine Vorspeise war nicht vorgesehen – schließlich mochten die Gastgeber keine Vorspeisen – und als Hauptspeise wurde eine winzige Forelle mit Gemüse für sieben Personen gereicht. Das war's. Dessert gab es nicht, stattdessen lockerte die Gastgeberin an dieser Stelle ihre Interpretation des Kategorischen Imperativs (»Reiche nur jene Menge zu essen, die du zugleich selbst essen kannst«) und holte sich aus dem Wohnzimmerschrank eine angebrochene Packung Kekse, die sie vor sich hinlegte und futterte. Nach einer Viertelstunde hielt sie ihren Gästen die halb geleerte Kekspackung entgegen und fragte, ob jemand einen wolle. Wir flohen unter einem Vorwand. Das einzig Gute an dem skurrilen Abend war, dass wir darüber seit Jahren Witze machen.

Meine Angst vor hungrigen Gästen kommt jedoch nicht daher, dass ich als Kind zu kurz gekommen wäre. Ganz im Gegenteil. Jegliche Form von Missgunst am Esstisch, den sogenannten Futterneid, gab es bei uns nie. Mein Vater gab mir bereits als Kind immer die Kruste von seinem Schweinebraten ab, obwohl er sie selber gerne aß.

Italiener sind in kulinarischen Fragen niemals kleinlich. Im Gegenteil. Wenn sie sich in einem Restaurant etwas besonders Gutes bestellen, müssen immer alle probieren oder – in ihren Augen ein Triumph – die fremde Portion komplett aufessen. Wenn es tatsächlich einmal vorkam, dass ich vor lauter Begeisterung das Abendessen meines Vaters ganz verputzte, orderte er einfach noch einen Teller von dieser Köstlichkeit.

Ich neige deshalb dazu, mich zu überfressen. Ich bekomme schlimme Gieranfälle, wenn es mir gut schmeckt.

Ich glaube manchmal, dass einige Freunde ein bisschen Angst vor mir haben, weil ich zwar haltlos bin, aber davon nicht dick werde. Und da ich davon ausgehen muss, dass auch meine Gäste keine Kostverächter sind, kaufe ich eben immer reichlich ein. Ein Gast soll bei mir immer die Möglichkeit haben, das ein oder andere Mal nachzulegen. Am besten, so oft er will. Und auch noch, wenn er eigentlich nicht mehr will.

Meine Tante Lia aus Campobasso kocht unglaublich gut. Als sie mich und meinen Mann einmal »auf eine Kleinigkeit« einlud, sagte ich begeistert zu. An jenem Morgen verzichtete ich auf das Frühstück. Mein nichtsahnender Mann fragte, warum ich fasten würde. »Wart's ab«, sagte ich, »wir sind heute Mittag bei Lia eingeladen. Und danach ist der Tag vorbei.«

Er lächelte und biss in sein Cornetto. Aber ich hatte nicht zu viel versprochen. Lia hatte für uns drei ein winziges, kleines, völlig unerhebliches Mittagessen vorbereitet, bei dem wir alles präsentiert bekamen, was der Wochenmarkt hergegeben hatte. Natürlich hatte es sich meine Zia nicht nehmen lassen, unter anderem eines meiner Lieblingsgerichte zu kochen: »riso con fagioli«. Reis mit Bohnen. Ich aß tapfer und blieb ungerührt, denn ich besitze den berühmten Elvis-Magen. Mein Mann hingegen kämpfte und aß um sein Leben. Er nahm diszipliniert frittierte Zucchiniblüte um frittierte Zucchiniblüte von einem Haufen, der niemals kleiner wurde. Dabei verwechselte er Ursache und Wirkung. Er versuchte nämlich, diesen Zucchini-Berg zu bezwingen, während Lia versuchte, seinen offenbar gigantischen Appetit zu stillen. Da er ständig weiter aß und betonte, wie gut diese Zucchiniblüten seien, frittierte sie sozusagen im Akkord weiter. Nach dem Reis und den Blüten gab es noch drei

Sorten Fleisch. Am Ende knabberte er taktvoll an dem als Dessert angebotenen Obst, um dann zu verkünden, dass wir aber jetzt dringend wegmüssten. Er hatte panische Angst, es könne noch ein Gang kommen. Künftig wurden Lias Einladungen nur noch danach ausgewählt, ob der Zeitpunkt eine Mahlzeit wahrscheinlich machte, Zusagen wurden auf keinen Fall für mittags oder abends gegeben. Die Gefahr, essen zu müssen, war so wesentlich geringer.

Italiener gehen davon aus, dass Gäste angebotene Speisen oder Getränke nur deshalb ablehnen, um nicht gierig oder unhöflich zu erschienen. Also heißt »nein danke« nichts anderes als »gib dir mehr Mühe«. Und das lassen sich italienische Gastgeber nicht zweimal sagen. Teller werden immer aufgefüllt, und die Frage, die ich speziell von meiner Nonna Tausende Male gehört habe, ob man denn »altre due«, also »noch zwei«, essen möchte, ist auf keinen Fall wörtlich zu verstehen. Denn es bleibt nie, nie, nie bei nur »zwei«. Man bekommt immer mehr auf den Teller gehäuft, als man wollte, und auch wenn man ein weiteres Glas Wein ablehnt, wird wortlos nachgeschenkt. Italiener glauben, wie bei vielen anderen Dingen im Leben auch, dass sie besser wissen, was gut für einen ist, als man selber. Also wird man bevormundet wie ein Kleinkind, wenn auch auf eine charmante Art. Denn vielleicht hält man sich ja wirklich nur zurück, weil man auf seine Linie achten möchte. Selbst wenn man erklärt, man sei auf einer geheimen und weltgeschichtlich entscheidenden Mission zur Rettung der Menschheit und benötige daher eine perfekte Bikinifigur, bekommt man die lakonische Antwort: »Aber nicht heute!«

Diese Freizügigkeit gilt auch in der Erziehung. Jeder soll zu jeder Zeit essen, worauf er Lust hat und was ihm guttut. Wenn das dann mal bedeutet, dass sich der mühsam aufgepäppelte Nachwuchs zwei Wochen lang nur von Haferflocken mit Zucker ernährt: selber schuld. Muss ich von der leckeren Pasta mit frischem Gemüse nichts abgeben und kann seelenruhig schlemmen, bis sie dann wieder angekrochen kommen.

In ihren ersten Lebensjahren teilte unsere Tochter ihr Essen mit unserem Hund. Er durfte immer von allem abbeißen, was sie gerade aß. Ich bat sie mehrfach darum, ihm doch bitte, wenn sie ihn schon füttere, ein Stück der Brezel oder der Banane abzubrechen, aber sie fand es so einfacher. Später wurde dann ihr jüngerer Bruder gefüttert. Der arme Kerl musste viele Nachmittage wie ein Rentner bei einer Kaffeefahrt stundenlang an einem kleinen Tisch sitzen und von einem Puppengeschirr Reiswaffeln und andere Köstlichkeiten futtern. Unsere Tochter entwickelte sich dabei immerhin zu einer exzellenten Gastgeberin, die ihre Gäste, wahlweise Hund oder Bruder, oder beide, mühelos über Stunden mit Holzkuchen aus ihrem Kaufladen in Atem halten konnte.

Sie ist zu unserer großen Freude selbst ein Kind mit reichlich Appetit und neigt momentan zum Häppchenessen. Also zu vielen kleinen Mahlzeiten, verteilt auf den ganzen Tag, gerne auch mal um halb elf abends. Da diese Schmauserei unter Umständen also rund um die Uhr stattfindet, geht sie unbeirrbar davon aus, dass man Lebensmittel überall und unbegrenzt einkaufen und verbrauchen kann. Unsere Küche ist daher ein durchgehend geöffneter Supermarkt. Sie isst wirklich ausgesprochen gerne und hat durch ihre italienische genetische Disposition einen Hang zu luxuriösen Lebensmitteln.

Im Skiurlaub fragte sie mich beim Durchblättern der Speisekarte, die zu einem Hotel gehörte und für eine

Berghütte recht ungewöhnliche Speisen anbot, ob davon auszugehen sei, dass sie Austern möge. Ich verneinte ausdrücklich und verordnete ihr einen Germknödel. Einen Tag später entdeckte sie das Filet vom Wagyu-Rind, und wiederum einen Tag darauf fragte sie ernsthaft nach dem Kaviar, der dort angeboten wurde.

Ich hoffe für sie und uns, dass sie einen Mann findet, der ihren kulinarischen Ansprüchen genügt, aber vielleicht heiratet sie auch gleich einen Koch oder einen Restaurantbesitzer. Das fände ich schön, dann kann ich auch immer so viel essen, wie ich möchte.

»DIE CAVATELLI MUSS MAN MIT ZWEI FINGERN ROLLEN«

Da ich so verfressen bin, ist es nur gut, dass meine Mutter mir schon früh das Kochen beigebracht hat. Sie wiederum hat es von ihrer Mutter und später von meiner Nonna in Italien gelernt. Auch ich war in Campobasso in der Lehre und übte unter fachkundiger Anleitung meiner Nonna, wie man Cavatelli herstellt. Das Rollen der kleinen Nudel mit zwei Fingern muss man als Süditalienerin auf jeden Fall aus dem Effeff beherrschen. Cavatelli sind kleine Nudelwürstchen, die man mit einer kurzen Bewegung in eine Hotdog-ähnliche Form rollt. Mit der Sugo meiner Nonna gehören »Cavatelli al pomodoro« zu meinen absoluten Lieblingsgerichten. Das Rezept für mein hochgelobtes Tiramisù habe ich von meiner Cousine Antonella, ebenso wie den Trick, mit dem man es schafft, dass die Gelatine bei der Panna Cotta nicht nach unten absinkt. Wie man ein anständiges Risotto macht, weiß ich von meiner Tante Lia, und den besten rheinischen Sauerbraten macht natürlich meine Mutter, die mir genau gezeigt hat, wie das geht.

Ich kann stundenlang mit meiner Mutter oder der Frau meines Cousins Nazario, die eine großartige Köchin ist und sogar ein eigenes Blog betreibt, mit meiner Schwester oder mit Freundinnen über Rezepte, Zutaten und Essen reden. Wenn ich nicht sowieso schon ständig kochen würde, damit meine Familie etwas zu essen bekommt, würde ich es als mein Hobby bezeichnen. Und dieses Hobby teile ich mit Millionen von Menschen, die wie ich jedes Jahr Millionen von Euro in Kochliteratur investieren. Im Haushalt meiner Nonna habe ich allerdings noch nie ein Kochbuch gesehen. Nicht weil meine Nonna ignorant ist und es nicht für nötig erachtet oder weil sie zu geizig wäre. Sie besitzt keine Kochbücher, weil sie und ihre Schwestern und Kinder selbst wandelnde Kochbücher sind. Alle Rezepte, Zutaten und Zubereitungstricks haben diese Frauen im Kopf. Und wenn meiner Tante mal nicht einfallen sollte, ob in die »Torta caprese« Mandellikör oder Limoncello gehört, fragt sie eine ihrer Schwestern. Das legendäre Sugo-Rezept meiner Nonna kennen alle Frauen in der Familie und hüten es, als sei es die Coca-Cola-Formel.

Im Gegensatz zu Italienern lieben Deutsche Kochkurse. Wenn Sie das Wort Kochkurs in eine Suchmaschine im Internet eingeben, kommen circa 1,8 Millionen Treffer. Es sind Kochkurse für Männer im Angebot und welche für Frauen, Kochkurse für Paare und Kochkurse für Mütter. Und dazu passend gibt es massenhaft Kochbücher mit Ideen für das richtige Kinderessen. Dort wird erklärt, was Kinder essen sollen. Gesund muss es natürlich sein und originell angerichtet, damit die Kleinen es ansprechend und appetitanregend finden. Ob sie es mögen, steht auf einem ganz anderen Blatt.

In deutschen Restaurants findet man im hinteren Teil der Speisekarte sehr oft Kindergerichte. Dort wird natürlich angeboten, was am ehesten bestellt wird, nämlich Pommes Frites mit Schnitzel, Pommes Frites mit Würstchen sowie Pommes Frites und Pommes Frites. Wer das nicht mag, kann noch auf Nudeln mit Tomatensauce oder Fischstäbchen (am besten mit Pommes Frites) ausweichen.

In Italien gibt es diese Kinderkarten kaum, höchstens vielleicht in den von Deutschen frequentierten Urlaubsorten. Man bestellt für seine Kinder einfach das, was auf der Karte steht, und ändert es ein bisschen ab. Wenn die Portion kleiner sein soll, bittet man die Küche, weniger Nudeln auf den Teller zu geben. Oder man verteilt die Portion auf zwei Teller. Und das meiste, was in Italien gekocht wird, ist sowieso kindertauglich – oder die reizenden Kleinen bestellen aus lauter Neugier gleich Kaviar und Austern, bis Mama und Papa ruiniert sind, so wie es unsere Tochter versucht hat.

In Deutschland existieren nach dem aktuellen Guide Michelin neun Drei-Sterne-Restaurants, dazu 32 mit zwei Sternen und 208 mit einem, macht zusammen 249 ausgezeichnete Restaurants. Die Italiener liegen bei den Drei-Sterne-Häusern mit sieben Restaurants bereits hinter Deutschland zurück. Insgesamt kommen sie auf nur 54 Häuser mit mindestens einem Stern. Wer hätte das gedacht? Also wenn Deutschland erwiesenermaßen ein Land ist, in dem gut gegessen und gekocht wird, warum schielen wir bei diesem Thema trotzdem immer in den Süden nach Italien? Weil Deutsche völlig unnötigerweise einen kulinarischen Komplex haben.

Dabei gibt es so herrliche deutsche Gerichte wie Arme Ritter mit Haselnusskruste und Kirschsauce oder Schweinekrustenbraten mit Knödeln und Blaukraut – da muss man sich nun wirklich nicht verstecken.

Weil ich sowohl die deutsche als auch die italienische Küche sehr liebe, neige ich in Restaurants immer dazu, alles durchprobieren zu wollen. Da kann es dann passieren, dass ich von drei verschiedenen Gerichten gerne kleine Portionen haben möchte, damit ich möglichst viele Gänge zu mir nehmen kann. Ich bitte deshalb die Kellner, mir aus allen möglichen Speisen eine Kinderportion zu zaubern, was eigentlich fast immer gemacht wird. Außer bei halben Tieren, wie einer Ente, oder einem Fischfilet, aber dafür gibt's ja diese tollen Kinderkarten, auf denen in Bayern immer auch Braten als Kinderportion angeboten wird.

Dort sind die Portionen perfekt. Klein und sandragerecht. Und das Tolle ist: Dazu gibt's immer ein paar Malstifte.

»DARF ICH IHNEN MEIN HAUS ZEIGEN?«

Solange ich denken kann, hatte mein Vater die Angewohnheit, allen Menschen, die uns besuchten, unser Haus zu zeigen. Das ganze Haus. Jeden Raum, jedes Zimmer.

Es konnte also jederzeit passieren, dass ich friedlich spielend auf dem Boden meines Kinderzimmers saß und eine Horde Menschen mit unterschiedlichem kulturellem Hintergrund in unterschiedlichen Altersstufen und Sprachen durch mein Kinderzimmer defilierte. Vater führte den Trupp an und erklärte wie ein Touristenführer, dass das auf dem Boden seine jüngste Tochter Sandra sei, die jetzt gerade spielen würde. Er erläuterte genau, welcher Schrank mir gehöre und welcher meiner Schwester, machte alle Gäste auf meinen Schreibtisch aufmerksam und vergaß auch nie, auf die schönen?! selbstgemalten Bilder hinzuweisen. Ich hoffte, man würde mir ab und an wenigstens ein paar Erdnüsschen zuwerfen wie den Elefanten im Zoo. Aber wer denkt schon daran, Knabbereien für die Kinder des Gastgebers mitzunehmen? Der eine oder andere Besucher fragte mich manchmal höflich nach meinem Alter oder woher ich denn die schönen Puzzles hätte. – Doch noch bevor ich antworten konnte, zog die Karawane schon weiter.

Der Drang, anderen seine Latifundien zu zeigen, ergriff

in dem Augenblick von meinem Vater Besitz, wenn es an der Tür klingelte. Und die Besucher, die davor standen, mussten dann mit ihm durchs Haus, auch wenn sie es schon kannten – und selbst dann, wenn sie überhaupt nicht ins Haus wollten. Ich habe meinen Vater sogar einmal einen Paketboten durch die Gemächer schleifen sehen.

Mein Vater war bei den Hausführungen also in seinem Element – für die Zootiere, also mich und meine Geschwister, hielt sich die Begeisterung in Grenzen. Das Unangenehme daran war das Überraschungsmoment. Gerade noch lag ich gemütlich auf dem Boden mit heruntergezogener Socke, um die Wollfäden zwischen meinen Zehen herauszupfriemeln, schon standen fremde Menschen in Sakko und Krawatte vor mir und fragten, in welche Schulklasse ich denn wohl ginge. Es war befremdlich, und ich gewöhnte mich nie richtig an diese zeigefreudige Eigenschaft meines Vaters. Aber die Überraschungsbesuche in meinem Zimmer hatten auch einen abhärtenden Effekt, der sich heute noch bemerkbar macht. Ich lernte nämlich, mich nicht zu genieren und auch in pikanten Momenten Fassung zu bewahren. Was bleibt einem auch anderes übrig? Als ich älter wurde, übernahm ich die Führungen durch mein Zimmer selbst. Ich erklärte professionell wie eine Museumskuratorin, was warum und wie dort stand, und verabschiedete mich mit einem Augenzwinkern.

Diese Führungen dauerten in der Regel nicht lang. Wir bewohnten ein niederrheinisches Reihenhaus mit einem handtuchgroßen Garten und natürlich ist diese italienische Angewohnheit hierzulande etwas verwunderlich. Es wird schließlich keine Villa in Beverly Hills präsentiert, sondern ein handelsübliches Reihenhaus. Aber genau das macht den Charme dieser merkwürdigen Gewohnheit aus. Man ist stolz auf das, was man hat, und zeigt es überschwänglich her, auf dass der Bewunderer ebenso überschwänglich auf das Präsentierte reagiere. Mit gestenreichen Ahs und Ohs werden dann der Gebrauchtwagen, die fast neue Doppelgarage oder der erst kürzlich verlegte Fliesenboden bewundert – von Neid und Missgunst keine Spur. Es geht um die Geste: »Komm rein, du bist unser Gast, du kannst alles benutzen, haben und anschauen, du darfst dich frei bewegen, und zwar hier und hier und dort auch.«

Es ist eine Geste der Großzügigkeit, denn Italiener möchten in erster Linie, dass sich der Gast wohlfühlt. Außerdem soll man sich besser kennenlernen. Und das geht am schnellsten, wenn man sich öffnet. Sein Haus öffnet, Schranktüren öffnet und allen zeigt: So bin ich und so wohne ich.

Eine deutsche Arbeitskollegin hingegen berichtete mir einmal davon, dass ihre Mutter bereits den dritten blauen Kleinwagen in Folge gekauft hätte, obwohl sie Blau gar nicht besonders mochte. Der einzige Grund dafür sei, dass sie hoffe, den Nachbarn würde die Neuanschaffung so nicht auffallen. Damit nicht getuschelt würde, woher die denn schon wieder das Geld dafür nehmen würden, wo man doch erst ein Haus gebaut habe und so weiter und so fort. Irgendeinen Grund muss es ja haben, dass das Wort »Neid« im Deutschen Wörterbuch der Gebrüder Grimm als »allgemein und ausschlieszlich germanisches wort« beschrieben wird.

Meine Freundin Alessandra hat die Sitte der Hausführungen natürlich auch nach Deutschland mitgebracht und hatte jüngst einen Arbeitskollegen ihres Mannes samt Gattin zu Besuch, die immer wieder abwehrten: Nein,

nein, sie wollten nicht aufdringlich sein und das Haus sehen. Danke, das sei sehr nett, aber wirklich nicht. Und so weiter. Alessandra war alarmiert. Sie beobachtete das Paar den ganzen Abend mit höchster Aufmerksamkeit, weil sie die beiden im Verdacht hatte, sie würden kurz nacheinander auf die Toilette gehen und sich heimlich verabreden, um dann unbehelligt das Haus anzuschauen. Und das wollte sie auf keinen Fall verpassen.

Dass manche Menschen einfach zurückhaltend sind oder sogar desinteressiert und wirklich nicht alle Zimmer und den Heizungskeller von Alessandra sehen möchten, kann sie sich nicht vorstellen. Sie ließ die beiden jedenfalls den ganzen Abend nicht aus den Augen.

Man könnte den Eindruck bekommen, dass Italiener oberflächlich sind, denn wer lädt schon Menschen in sein Haus ein, die er kaum kennt. Das ist klingt doch verdächtig. Aber durch diese abrupt hergestellte Nähe kommt man eben auch schneller an den Punkt, an dem man feststellt, ob jemand wirklich zu einem passt. Deutsche brauchen ein bisschen länger für diesen Prozess als Italiener, die eben buchstäblich mit der Tür ins Haus fallen.

Italiener sind übrigens gerne spontan und stehen wirklich oft einfach vor der Tür. Auch eine der italienischen Angewohnheiten, die ich in Deutschland ebenfalls praktiziere. Mit wechselhaftem Erfolg. Meine Freunde sind es mittlerweile gewöhnt und freuen sich oder werfen mich kurzerhand raus, wenn mein Besuch gerade nicht passt. Meine Kinder haben diese Spontaneität übernommen und ernten ebenfalls nicht nur Begeisterungsstürme dafür. Gerne schicken Eltern die beiden dann mit dem Hinweis wieder nach Hause, dass Friedrich oder Justus oder Julia bereits schon vor zwei Wochen etwas mit dem Leopold, der Luise oder der Annika ausgemacht hätte, und ohne Voranmeldung ginge das nicht und so weiter.

Doch meine Kinder sind höchst aufmerksame Besucher, wenn sie die Häuser anderer Kinder mal betreten dürfen. Unsere Tochter scannt regelrecht die Zimmer anderer Menschen und schließt so auf ihre Persönlichkeit. Wenn sie nach einem Nachmittag bei einer neuen Freundin nach Hause kommt, erklärt sie uns immer begeistert, wie diese wohnen, wie das Zimmer des Mädchens aussieht, welche Möbel sie hat, aus welchem Material sie angefertigt sind und dass der Keller, den sie sich selbstverständlich auch angesehen hat, viel aufgeräumter ist als unserer.

Ich bin in diesem Punkt auch wahnsinnig neugierig und scharre ungeduldig mit den Hufen, wenn ich andere Wohnungen und Gebäude betrete, bis ich geschickt die Frage fallen lassen kann, ob man denn mal dieses traumhafte Anwesen in seiner ganzen Schönheit betrachten dürfe? Und wenn nicht gerade die Handwerker im Haus waren oder eine schlafende Oma nicht gestört werden durfte, wurde mir diese Bitte selten verwehrt. Ich habe auf diese Weise entdeckt, dass Alessandra und ich unsere T-Shirts in der gleichen Art sortieren und auch sie eine Schwäche für hohe Schuhe hat. Eine andere Freundin teilt meine Leidenschaft für einen bestimmten amerikanischen Autor, den ich in ihrem Bücherregal im Schlafzimmer entdeckte, und eine weitere Freundin liest wie ich Kochbücher als Abendlektüre im Bett. Das hätte ich sonst in hundert Jahren nicht herausgefunden.

Auch meine Kinder fragen mittlerweile selber nach, ob ihre Gäste »eine Führung« wollen. Manchmal sitze ich in meinem Büro und schreibe, dann kommt meine Tochter mit zwei Freunden herein und sagt solche Sachen wie: »Und das ist übrigens meine Mutter, die gerade arbeitet.«

Ich warte bis heute darauf, dass endlich mal einer Nüsschen mitbringt und mir welche zuwirft.

»DAS GEHÖRT DOCH NICHT IN DIE SCHULTÜTE«

Die Schultüte, die ich 1976 stolz und voller Vorfreude im Pausenhof der Katholischen Grundschule Schmalbroich vor mir hertrug, war aus Pappe, besaß ein lustiges Muster, einen Rand aus rotem Filz, der nach oben überlappte, sodass man ihn zubinden konnte, und war bis zum Bersten gefüllt mit Süßigkeiten und völlig unnützem Plastikspielzeug, das ich großartig fand. Diese Schultüte wurde von meiner Mutter im örtlichen Schreibwarenhandel gekauft und von meinem Vater bestaunt, da diese Tradition der mit Süßigkeiten gefüllten Schultüten in Italien nicht existiert. Dort gibt es zwar auch einen ersten Schultag, der unterscheidet sich aber durch nichts von den circa 2400 anderen Schultagen, die man in Italien absolvieren muss.

Mein Vater war jedenfalls total elektrisiert von diesen spannenden Papptüten, und ich hatte das starke Gefühl, er hätte auch gerne eine gehabt. Als ich nach dem ersten erfolgreich bestandenen Schultag den Inhalt meiner Beute zu Hause betrachtete, musste ich feststellen, dass alles lecker und total unvernünftig war. Ich war begeistert.

Natürlich wollte auch ich, als unsere Tochter in das entsprechende Alter kam und der Schulbesuch nicht mehr aufzuhalten war, in einem Schreibwarenladen eine Schultüte kaufen und befüllen. Aber das geht natürlich nicht so einfach. Denn heute wird erwartet, dass man die Schultüte selber bastelt. Wochen vor den Sommerferien, die das Ende der Kindergartenzeit markieren, las ich einen Aushang, dass in Bälde das Schultütenbasteln stattfinden würde. Alle Eltern sollten doch bitte im beiliegenden Prospekt einen Bastelbogen aussuchen, damit der rechtzeitig bestellt werden konnte. Ich bin eine Niete im Basteln, aber ich wollte natürlich nicht, dass unsere Tochter traumatisiert wird, weil ihre Mutter sich weigert, beim Schultütenbasteln mitzumachen. Am Ende wirft sie mir vor, auf diese Weise schuld an einem noch nicht abzusehenden grauenhaften Schicksal zu sein. Wenn ich ihr damals diese Schultüte gebastelt hätte, müsste sie jetzt nicht in der Platte hocken, Krawallshows ansehen und billigen Weinbrand trinken. So würde es kommen. Also sah ich mir im Kindergarten die Prospekte mit den Bastelbögen an. Es gab eine große Auswahl vorgefertigter Tütentypen mit verschiedenen Dekors: Einhörner und Marienkäfer oder Pferde oder Feen oder Engelchen. Für die Jungs Autos oder Roboter. Ich konnte mich einfach nicht entscheiden.

Unsere Tochter hatte sich nämlich schon längst eine Schultüte ausgesucht, passend zu ihrem neuen Schulranzen, und die lag auch schon vorbestellt beim Schreibwarenhändler. Aber wenn ich mich jetzt weigerte, mit den anderen Müttern auf kleinen Kindergartenstühlen sitzend einen Nachmittag lang zu basteln, würden mich die Kindergärtnerinnen wieder mit traurigem Triefblick schelten, dass es wirklich sehr, sehr schade sei, dass ich wieder mal nicht dabei gewesen wäre, obwohl die Erfahrung, eine Schultüten bastelnde Mutter zu haben, essenziell für unser Kind sei. In Anbetracht der Tatsache, dass ich nach den Sommerferien mit dem nächsten Kind auf der Kindergartenmatte stehen würde und ich mir meinen Ruf nicht völlig verderben wollte, musste eine Lösung her. Ich bastelte also unter den Augen der strengen Kindergärtnerinnen eine Schultüte mit Rennwagenmotiv, was immerhin anstandslos und ohne Genderdiskussion hingenommen wurde. Während wir schnitten, klebten und tackerten, erklärte uns die Fachkraft, welche Inhalte gut und welche nicht so geeignet für die Schultüte seien. Süßigkeiten und lustiges Spielzeug galten als potenzielle Gefahren, Obst und Kleinigkeiten wie Spitzer oder Radiergummi als sinnvoll. Nun gut, räumte sie ein, ganz ohne Schokolade würde es nicht gehen, aber dann dunkle und nicht so viel. Auch müsse die Schultüte ja nicht ganz bis oben hin voll sein. Es reiche ja, wenn man viele schwere Dinge reinlege, dass sie sich schwer anfühle.

Ich fragte laut: »Ich soll meine eigene Tochter hinters Licht führen und ihr das absolute Highlight des ersten Schultages nehmen?« Irgendwie sah ich nicht ein, dass bereits der erste Schultag durchsetzt von Vernunft sein sollte, geprägt vom sogenannten Ernst des Lebens, der mit der Schule angeblich beginnen soll. Es tut mir leid, aber das halte ich für blödsinnig. »Na, da fängt die Schule ja sehr vielversprechend an«, fügte ich hinzu.

Die Mütter legten kurz ihre Bastelbögen nieder und schauten mich an. Stille. Aber keine Diskussion. Also bastelte ich still und konzentriert weiter. Ich befürchtete Schlimmes. Denn bereits seit Wochen war die Schultüte Thema Nummer eins in unserem Haus. Es wurde hin und her diskutiert und gefragt, ob eine Barbie zu groß sei für eine Schultüte und ob ich mich auch ja erinnern würde, welche ihre Lieblingsschokolade sei, und ich wisse ja, die sauren Stangen fände sie auch super. Ich geriet unter Druck. Und hatte schließlich eine zündende Idee.

Ich rief meine Eltern an und fragte ganz scheinheilig, ob sie nicht Lust hätten, die ganze Organisation der Schultüte zu übernehmen. Ihre Enkelin würde sich sicher unheimlich darüber freuen. Ich könnte ihnen auch, damit sie es etwas leichter hätten mit der Auswahl, eine Tüte im Schreibwarenladen reservieren. Sie waren begeistert. Vor allem mein Papa. Er geriet in einen wahren Tütenrausch. Er machte auf mich den Eindruck, als habe er jahrelang darauf gewartet und nun endlich seine Bestimmung gefunden. Er stellte die perfekte Schultüte zusammen. Und zwar ohne Rücksicht auf Verluste und etwaige pädagogische Einwände seitens des Kindergartens.

Der erste Tag nach den Ferien kam. Unsere Tochter war schon seit halb sechs morgens wach und stand um fünf nach halb sechs fertig angezogen mit Schulranzen vor meinem Bett. Gut gelaunt warteten wir wenige Stunden später hübsch zurecht gemacht im Hof der Grundschule auf den großen Auftritt der Großeltern. Als der Nonno mit einer Schultüte in der ungefähren Größe einer handelsüblichen atomaren Mittelstreckenrakete auftauchte, erstarben für einen Moment alle Gespräche auf dem Schulhof. Diese Schultüte war die Mutter aller Tüten und quoll über von Bonbons, Schokolade, kleinen verpackten Geschenken, Lakritz, Knabbereien und italienischen Confettis. Letzteres sind Mandeln mit einem weißen Überzug, die es normalerweise zu italienischen Hochzeiten gibt und die mein Papa sich extra hatte schicken lassen. Außerdem im Angebot: Gummibärchen, Jelly Beans, eine Barbie mit Schuluniform, Flummies und diverse Armkettchen, Halskettchen sowie Fußkettchen. Mit dieser Schultüte hätte man mühelos mehrere Zwillings-Geburtstagsfeiern ausrüsten können. Unsere Tochter konnte dieses Wunderwerk aus Plastik und Glucose natürlich nicht allein tragen.

Die Lehrerin, die uns zunächst mit stummem Entsetzen dabei beobachtete, wie wir zu zweit die Schultüte in den Klassenraum schleppten, bat uns mit Rücksicht auf die anderen Kinder, »das da« doch bitte schleunigst zu entfernen.

Erst nachdem unsere Erstklässlerin also erfolgreich ihre Einschulung hinter sich gebracht hatte, durfte sie die Pershing auf links drehen, was sie mit großem Freudengeheul tat. Worte können das glückliche Gesicht nicht annähernd beschreiben, das unsere Tochter dabei machte.

Unser I-Dötzchen (das ist die rheinische Variante der ABC-Schützen) war selig. Ich war stolz auf meinen Papa, und noch heute schwärmt unsere Tochter von diesem Moment an ihrem ersten Schultag, der immer der Schönste in ihrem gesamten Schulleben bleiben wird.

Nach einer Woche sprach mich übrigens die Lehrerin darauf an, was das eigentlich für eine Schultüte gewesen sei, die wir unserer Tochter da mitgegeben hätten. Vorbildlich sei das nicht gerade. Ich zuckte mit den Schultern, spielte die Ahnungslose und verwies auf meinen südländischen Vater. Das sei so eine italienische Tradition mit diesen gigantischen Geschenk-Schultüten, mein Vater hätte sich da gegen uns durchgesetzt. Ich könne wirklich nichts dafür.

»WAS? NUR FÜNF GÄNGE?«

Einer der größten Momente im Leben einer Frau ist, neben der Geburt des ersten Kindes, die Hochzeit. Das gilt wahrscheinlich für die meisten Frauen weltweit, aber ganz besonders für Italienerinnen.

Es scheint gerade so, als verharrten italienische Paare jahrelang in einer Art Schockstarre, um in eine hektische Betriebsamkeit zu verfallen, sobald die Hochzeitsglocken aus der Ferne leise läuten. Glamour, Romantik sowie jede Form von Kitsch oder Pomp wird in der Folge nicht nur akzeptiert, sondern ausdrücklich gewünscht. Das gilt nicht nur für die Braut, sondern auch für den Bräutigam. In diesem Zusammenhang sollte ich kurz von der Suche nach einem geeigneten Hochzeitsanzug meines Cousins berichten. Das Fachgeschäft, welches er in Ancona besuchte, um einen passenden Anzug zu erwerben, bot natürlich eine große Auswahl an Anzügen und Smokings, die mein Cousin in Ruhe betrachtete. Dabei fiel ihm ein Frack auf, der, gelinde gesagt, etwas ungewöhnlich aussah. Er war in einem grellen Lila gehalten und bestach darüber hinaus mit samtenen Aufschlägen. Zu diesem Frack gab es einen Zylinder und einen knielangen Umhang, wie ihn Zauberer tragen, sowie – und jetzt kommt der Knaller – den passenden Gehstock mit

Silberknauf! Ein Ensemble, wie geschaffen für eine Hochzeit in Entenhausen – oder Italien. Mein Cousin reagierte trotz seiner Abstammung aus einer traditionellen italienischen Familie auf eine angewiderte Weise fasziniert und fragte den freundlich lächelnden Verkäufer, ob dieser Anzug im Ernst für Männer gedacht sei, die heiraten wollten. Der freundliche Verkäufer guckte nicht mehr ganz so freundlich und bat meinen Cousin, leiser zu sprechen, weil der junge Mann, der diesen Anzug bestellt hatte, gerade das Geschäft betreten habe. Es scheint in Italien tatsächlich Männer zu geben, die, vor Liebe völlig blind geworden, solche Anzüge tragen. Vielleicht hat der lila Hochzeits-Zauberer-Bräutigam aber auch eine Wette verloren.

Italienische Männer lassen sich von dem ganzen Tamtam also mitreißen und hauen ordentlich in die Sahne, wenn es um ihre Eheschließung geht. Vom Kauf des Hochzeitskleids und des Rings mal abgesehen, geht in Italien nichts ohne ein professionelles Kamerateam. Und einen Hochzeitsfotografen. Am Tag der Feier werden vom Aufstehen bis zum Schlafengehen jeder Schritt, jeder Gesichtsausdruck und jede Kopfdrehung des Paares gefilmt und fotografisch festgehalten. Das Fotoalbum, welches dabei herauskommt, ist gigantisch. Meine Cousine Samanta besitzt eines, das so groß und schwer ist, dass sie es nur mit allergrößter Mühe tragen und umblättern kann. Sie hat auch lange nach einem Schrank gesucht, der groß genug ist, um es zu verstauen. Aber zurück zur Hochzeit, die grundsätzlich eine gigantomanische Menüfolge für mindestens 200 Gäste erfordert. Und das ist nur der Inner Circle mit allen Verwandten und den wichtigsten Nachbarn. Gegen 21 Uhr kommen dann noch die Freunde, Kollegen und Kumpel des Paares dazu, die mittanzen und die Mitternachtssuppe essen dürfen. In der Kirche selber wird die standesamtliche und kirchliche Zeremonie in der Regel zusammengelegt. Man muss also nicht mehr extra zur Commune, um sich vor dem Gesetz trauen zu lassen. Nach der zweistündigen Hochzeitszeremonie stellen sich alle Gäste vor der Kirche auf und bewerfen das frisch verheiratetet Ehepaar mit steinharten Süßigkeiten. Es handelt sich dabei um bereits erwähntes Confetti. Diese Mandeln mit teflonartiger Zuckerglasur, die den Süßwaren ballistische Eigenschaften hinzufügt, erinnern an scharf geworfene Kieselsteine. Wenn das junge Ehepaar die Kirche verlässt, wird es mit Verve und möglichst zielgenau beschossen. Meistens bringt sich die Braut hinter dem Bräutigam in Sicherheit. Ich kenne Fotos von unglücklichen Bräuten, die ihre restliche Hochzeit mit schlecht übermalten Veilchen abhielten. Nach dem aber doch meistens unverletzt überstandenen Confetti-Bombardement ergreift das Kamerateam und vor allem der Fotograf Besitz von den Brautleuten. Die Gäste fahren schon einmal zum eigentlichen Veranstaltungsort der Feier und werden dort mit Knabbereien bei Laune gehalten, das Brautpaar hingegen wird unterdessen von allen Seiten mit viel Phantasie und zum Teil völlig skurrilen Motivideen fotografiert. Das dauert natürlich seine Zeit, und indessen langweilen sich die Partygäste langsam, aber sicher. Die Salzkräcker sind aufgefuttert, die Mägen knurren, und die Witze werden sarkastischer. Schließlich – manchmal sind zwei Stunden vergangen – erscheint das top gelaunte Hochzeitspaar und hat jetzt aber mal richtig Hunger. Dann wird gegessen. Und gegessen. Und danach gibt's noch was zu essen. Und Nachtisch. Und dann endlich die Hochzeitstorte. Aber man muss keine Angst bekommen, zu verhungern, schließlich kommt ja noch die Mitternachtssuppe, die meistens gegen 22 Uhr serviert wird, weil es sonst zu lange dauert, bis es etwas zu essen gibt. Gefeiert wird allerdings insgesamt nicht so lange. Gegen ein Uhr ist normalerweise alles vorbei. War auch ein langer Tag für alle. Da Wein und alkoholische Getränke meist nur zum Essen gereicht werden, mutieren italienische Hochzeiten nicht zu Massenbesäufnissen. Es wird schlicht und einfach mehr gegessen als getrunken. Die in Deutschland gebräuchlichen Hochzeitsspiele, bei denen angeblich beste Freunde gerne mal mit demütigenden Unterhaltungsprogrammen zur großen Rache ausholen, kennen die Italiener nicht. Auch ausführliche Reden (»Und dabei war Roland lange Bettnässer«) sind nicht üblich. Kurze auch nicht. Eigentlich gar keine. Wenn ich es mir genau überlege, wurde noch nie irgendein Vortrag gehalten bei den Hochzeiten, die ich in Italien erlebt habe.

Bei Alessandras Hochzeit in Neapel jedoch, mit deutschen und italienischen Gästen, wurde vom deutschen Vater des Bräutigams eine sehr schöne und lustige Rede gehalten. Dann noch eine von der Schwester des Bräutigams und von einer engen Freundin. Alle Vorträge wurden in beiden Sprachen gehalten. Die italienischen Gäste waren verblüfft und bezaubert. Das kannten sie nicht. Befeuert von dieser für sie neuen deutschen Tradition, hielt die beste Freundin der italienischen Braut aus dem Stand ebenfalls eine wundervolle Rede. Der Trauzeuge Antonio wollte sich daraufhin nicht lumpen lassen und setzte nach. Auf einmal mussten fast alle Freunde und Verwandten mehr oder weniger ausführlich das Wort ergreifen und aus der langen Freundschaft und den engen Banden zwischen sich und dem Brautpaar berichten. Als dann die Cousine des Freundes der Schwester der Braut auch noch und nur ganz kurz noch etwas zum Besten geben wollte, griff Alessandra ein. Wahrscheinlich ist es ganz gut, dass es diese Tradition in Italien nicht gibt, sonst dauerten die Feiern wie in Indien mehrere Tage.

Wenn dann die Hochzeitstorte gegessen, die Tarantella getanzt und alle müde sind, geht das Brautpaar nach Hause und schläft sich aus. Wenige Wochen danach wird das Fotoalbum mit einem Lastwagen geliefert und der Hochzeits-Film geschickt. Die Kosten für den Fotografen gehen in die Tausende und können mühelos über inszenatorische Sonderwünsche höhergeschraubt werden. Das Gleiche gilt für das Kamerateam und den Film. Hochzeiten in Italien sind sündhaft teuer. Zu den enormen Kosten für die Feier übernehmen die Eltern auch die Rechnung für die Erstausstattung der ersten gemeinsamen Wohnung des Paares, denn der kleine Prinz und die kleine Prinzessin wohnten bis dahin natürlich bei ihren Eltern.

Um diese immensen Kosten decken zu können, wird in Italien weniger für die Ausbildung der Kinder gespart, sondern vor allem für die Hochzeit inklusive Möbel, Töpfe, Pfannen und Hausrat. Eine durchschnittliche Hochzeit samt Erstausstattung der Wohnung und Flitterwochen hat somit den Wert eines dreiachsigen Sattelschleppers. Nicht wenige Italiener nehmen dafür Kredite auf, die jahrelang mühsam abbezahlt werden müssen. Die einen nennen das Generationenvertrag, die anderen totalen Wahnsinn.

Deutsche Eltern würden jedenfalls nie so weit gehen und ihrem kleinen Sonnenschein mit dem Verweis auf die drohenden Hochzeitskosten das Auslandssemester in England verweigern. Deutsche Freunde von mir mussten ihre Hochzeit darum sehr bescheiden feiern, weil die Eltern des heiratswilligen Paares argumentierten, eine Eheschließung sei deren Privatvergnügen, und sie wollten nicht für das Komabesäufnis fremder Menschen aufkommen. Im Übrigen hätten sie ihren Kindern eine solide Ausbildung finanziert, und damit müsse es jetzt gut sein.

Alle Freunde legten daraufhin zusammen, jeder trug etwas zum Buffet bei, der Hochzeitskuchen wurde von der Schwester der Braut gebacken, und die Getränke übernahm das Paar. Diese Low-Budget-Hochzeit war stimmungsvoll und entzückend, und alle freuten sich sehr über das gelungene Fest.

Und eine Rede gab es auch, bei der die Braut offen und ehrlich zugab, dass sie sich ihre Hochzeit in ihren Träumen immer anders vorgestellt habe – aber vielleicht klappe es mit dem großen Fest ja beim zweiten Mal.

»HEUTE MÜSSEN WIR ABER UNBEDINGT NOCH ZUM PETERSDOM«

Sobald die Schule ihre Tore schloss und die Sommerferien begannen, fuhren wir los nach Termoli. Mich erwartete eine lange, quälende Fahrt und danach sechs bis acht Wochen Sommer, Sonne und riesige Wassermelonen. Ich habe diese Italienferien mit meiner Familie sehr geliebt – bis ich etwa 15 Jahre alt war. Dann wäre ich gerne mal wie meine Freunde nach Frankreich oder von mir aus auch nach Österreich gefahren. Ging aber nicht. Ich musste ja nach Termoli.

Schon in der Grundschule beneideten mich meine deutschen Freunde, wenn ich jedes Jahr knackebraun und sichtlich erholt aus den Ferien zurückkam. Diese wünschten sich nämlich nichts sehnlicher, als mal nach Italien zu fahren und einen schönen Strandurlaub zu machen, anstatt sich im Harz das Erzbergwerk Rammelsberg anzusehen. Ihre deutschen Eltern machten nämlich lieber einen Urlaub, »von dem man was hat und wo man was sieht und erlebt«. Die Vorstellung, sechs Wochen einfach nichts zu tun, klang damals für viele deutsche Elternohren nach unerhörter Faulheit.

Für meine Geschwister und mich gehören diese Ferien zu den schönsten Kindheitserinnerungen überhaupt. Gerade, weil nichts von uns erwartet wurde, konnten wir die Zeit in Italien immer sehr genießen. Obwohl wir nicht weit von verschiedenen Sehenswürdigkeiten entfernt in der Sonne lagen, sahen wir uns nie etwas an, machten keine Ausflüge und hatten keinerlei Pläne über die nächste Mahlzeit hinaus. Das galt auch für unsere gesamte Verwandtschaft. Wir hatten uns, verbrachten einfach viel Zeit miteinander, kochten zusammen, aßen, spielten Karten oder Boccia, und manchmal veranstalteten wir am Strand Volleyballturniere. Wenn wir Lust dazu hatten. Wenn nicht, war das völlig egal. Jeder konnte tun und lassen, was er wollte. Und ja, natürlich habe auch ich mich mal gelangweilt. Aber nie sehr lange.

Meine Schulfreundin Maxine machte tatsächlich einmal Italienurlaub mit ihren Eltern. Aber während ich im Meer nach Krebsen tauchte und literweise Salzwasser durch meinen Schnorchel lief und ich mich fast selbst ertränkte, musste sie in den Uffizien herumlaufen und sich Bilder ansehen, die ein neunjähriges Mädchen nicht die Bohne interessieren. Und es war beileibe nicht so, dass ihre Eltern nur ein Museum besuchten. Nein, sie durfte eine schöne zweiwöchige Kulturreise genießen, die einen Haufen Rentner sicherlich vor Aufregung fast umbrachte, aber nicht meine Freundin Maxine.

»Mäxchen, schau doch mal, das schöne Bild.« Während ihre Mutter mit dem Florenz-Führer in der Hand erklärte, warum Botticellis Venus in einer Muschel zur Küste treibt, starb Maxine vor Langeweile. Und wenn sie dann noch tief seufzte und fragte, wie lange das alles noch dauere, musste sie sich anhören, sie sei undankbar, denn viele Kinder wären froh, wenn man ihnen ermöglichen würde, solche Kunstschätze sehen zu dürfen. Dass Urlaub »einem Zweck dienen muss«, »einen Sinn bekommen«

soll oder man »etwas daraus mitnehmen will«, höre ich sehr oft hier in Deutschland.

Mich verstört diese Erwartungshaltung bis heute, da ich das Wort »Urlaub« nie mit lästigen Pflichten in Verbindung bringen konnte und wollte. Mein Babbo war immer dann zufrieden, wenn wir alle zusammen beim Essen in Termoli in einem gemieteten Haus saßen und durcheinanderredeten. Er lehnte sich dann oft in seinem Stuhl zurück und grinste.

Als wir größer wurden, also ich etwa 15 Jahre alt und meine Geschwister entsprechend älter, war es so weit: Wir baten unsere Mutter, ob wir nicht eine kleine Städtereise machen könnten. Darauf hatte sie nur gewartet und bestieg mit uns am nächsten Tag den Zug nach Rom. Ich war hellauf begeistert. Ich kannte das Kolosseum oder den Petersdom nur von Bildern oder aus Asterix-Comics und rannte atemlos durch diese wunderschöne Stadt, die voller riesiger Häuser war. Hinter jeder Ecke gab es plötzlich eine Kirche, ein wichtiges Kulturdenkmal oder ein Museum. Wahrscheinlich begann da meine Liebe zu dieser Stadt, in der ich später auch einige Zeit lebte.

Wir überredeten meine Mutter danach in jedem Jahr, das wir in Termoli verbrachten, eine kleine Städtereise zu unternehmen. So kamen wir auf Wunsch meiner Schwester nach Florenz, und nach Pisa fuhren wir, weil mein Bruder den schiefen Turm sehen wollte. Während dieser Ausflüge in die italienischen Metropolen begegneten wir vielen deutschen Familien, die, kleine, nörgelnde Kinder hinter sich herziehend, über staubige Piazze gingen und versuchten, einen schönen Urlaub zu verbringen.

Diese Attitüde, auch im Urlaub perfekt sein zu müssen, auch dort etwas zu leisten, führt unter absoluter Garantie dazu, dass niemand Spaß an der Reise hat.

Unsere Eltern hatten uns also jahrelang in Ruhe gelassen mit Sehenswürdigkeiten und Kulturreisen, bis das Interesse an den Kulturschätzen in der Nähe von uns Kindern kam. Meinen Vater freute das sehr, und unsere Mutter war entspannt, weil wir uns vorher immer genau überlegten, was wir sehen wollten. Das lief natürlich nicht immer demokratisch ab. Wir handelten mit Sehenswürdigkeiten wie andere Kinder mit Panini-Bildern. Es gab Ziele, die alle sehen wollten, wie den Vatikan oder den Trevibrunnen in Rom. Wenn es aber um Spezialwünsche ging, musste man feilschen. Um den »Bocca della Verità« in Rom zu sehen, musste ich ins Pantheon, das mich damals nicht so umhaute, aber das war nun mal der Deal. Ich hatte nämlich den Film »Ein Herz und eine Krone« gesehen und wollte meine Familie unbedingt mit dem gleichen Gag verblüffen, den Gregory Peck damals seiner Filmpartnerin Audrey Hepburn vorführte.

In der Familie meiner Schulfreundin Maxine gab es ein weiteres Ritual, das mich etwas verstörte. Samstags wurde bei ihnen immer gebadet. Immer. Jeden Samstag. Duschen galt nicht. Baden war das Maß aller Dinge. Hotels wurden grundsätzlich danach ausgesucht, ob eine Badewanne vorhanden war. In einer anderen Familie gab es das Ritual, dass man sich am Abend vorher schon überlegen musste, wie viele Brötchen man am nächsten Morgen beim Frühstück zu essen beabsichtigte. Ich war, wenn ich dort nächtigte, mit der Frage jedes Mal überfordert. Woher sollte wissen, was ich 15 Stunden später vielleicht essen wollte? Und was geschah, wenn ich meine Meinung änderte und ein Brötchen mehr wollte? Würde ich dann gerädert oder auf einem Scheiterhaufen verbrannt werden? Natürlich wurde dieses Ritual auch im Urlaub gepflegt, in Frankreich mit Croissants, in Italien mit Cornetti. Rituale geben Sicherheit und man hat wenigstens eine Sache, an die man sich klammern kann, wenn doch der Rest völlig fremd ist.

Nach den kulturellen Urlaubseinsprengseln kehrten wir wieder nach Termoli zurück. Wir erzählten unseren Tanten und meiner Nonna Emma, was wir alles gesehen hatten, und waren froh, wenn wir wieder in unserem Liegestuhl herumlungern konnten. Diese Form der Erholung praktiziere ich noch heute. Und auch meine Kinder müssen, wenn sie mit uns in den Urlaub fahren, nur eines tun: nichts! Wenn bei ihnen während eines Italien-Urlaubs eines Tages der Wunsch aufkeimen sollte, die ewige Stadt zu besuchen, werde ich aufspringen, meine Tasche packen und nach Rom eilen, Kolosseum, Vatikan und den ganzen Rest der Stadt herzeigen und dann wieder auf meine Liege sprinten, wo ich hingehöre.

»DU BIST AUCH AUF 100 METER BESTEN VON BESTEN«

Meine Mutter ist mit mir zum Mutter-Kind-Turnen gegangen. Zumindest nennt man das heute so. 1973 stellte unser städtischer Sportverein seine Turnhalle zur Verfügung, damit rheinische Vorstadtmütter ein bisschen Bewegung bekamen. Und: So konnte man die Kinder schon in jungen Jahren ins Vereinsleben integrieren. Die Dreijährigen wurden also von ihren Müttern in die Turnhalle gebracht, dort über Monate beobachtet und dann, je nach sportlichem Ehrgeiz und Talent, auf die verschiedenen Sportabteilungen verteilt. Mich schickte man zur Leichtathletik. Zweimal die Woche Training, samstags »Langlauf« in der Gruppe über die Landstraßen unserer Umgebung. Und am Wochenende musste ich zu Sportwettkämpfen. Jahrelang. Die Vorstellung, an einem Wochenende einfach auszuschlafen und nichts zu tun, war für mich utopisch, und doch war ich froh, dass etwas passierte, denn ich neigte und neige dazu, mich schnell zu langweilen.

Das gilt natürlich auch für meinen Vater. Sobald ich andeutete, dass ich am Samstag in erreichbarer Nähe einen Wettkampf hatte, gab es für ihn und meine Mutter kein Halten. Am liebsten war ihnen, wenn ich »Kurzstrecke« lief. Damals musste man sich altersgemäß »hochlaufen«, also erst 50 Meter, dann 75 Meter, und dann 100 Meter, mit anderen kleinen Mädchen um die Wette. Ich mochte das sehr. Die Nervosität, bevor man in den Startblock geht, dann das Runterbeugen und Aufstellen der Hände und das Runterschauen auf die Startlinie. Wenn das Kommando »Auf die Plätze« kam und ich den Kopf hob, hätte ich jedes Mal heulen können vor Vorfreude und Spannung.

Meine Eltern standen grundsätzlich in meiner Nähe und feuerten mich so laut an, dass ich es immer bis auf die Bahn hören konnte. Unterlag ich, war es nach Ansicht meines Vaters die Schuld des Trainers, der mich nicht optimal vorbereitet hatte. Oder die Bahn lag mir nicht. Tartan ist angeblich nicht der ideale Untergrund. Und überhaupt, die anderen hätten doch betrogen oder würden in der falschen Altersklasse laufen, wenn nicht sogar der Zeitnehmer oder die Richter bestochen worden waren.

Gewann ich, beanspruchte er den Sieg für sich, denn dort auf der Aschenbahn sei schließlich seine Tochter, mit seinem Blut und seinen Genen, mit den anderen, minder begabten Kartoffeln, um die Wette gelaufen und hätte denen gezeigt, was Italien zu leisten imstande sei. Über meine sportlichen Erfolge, die Trainingsdisziplin und den Eifer, den ich jahrelang an den Tag gelegt habe, hat er sich immer ein bisschen gewundert. Die Tatsache, dass ich meinem Sport Freizeit und Freunde problemlos opferte, war ihm manchmal nicht ganz geheuer. Er vermutete, die Vermischung der deutschen und italienischen Gene hätte einen gewissen Anteil daran. Meine Mutter freute sich, sie hatte selbst immer davon geträumt, Frauenfußball zu spielen, was in ihrer Kindheit aus Gründen, die man sich denken kann, schier unmöglich war. Meine Mutter, sie ist Jahrgang 1945, hatte schon Schwierigkeiten, weil sie nicht nur Hausfrau und Mutter sein, sondern trotz Kindern einer geregelten Arbeit nachgehen wollte. Nur um es mal gesagt zu haben: Bis 1958 durfte ein Mann, wenn er Lust darauf hatte, den Anstellungsvertrag seine Frau nach eigenem Ermessen fristlos kündigen, und zwar ohne ihre Zustimmung. Bis 1962 durften Frauen in Deutschland kein eigenes Bankkonto eröffnen. Bis 1977 mussten Frauen ihre Männer schriftlich um Erlaubnis bitten, wenn sie einer Arbeit nachgehen wollten.

Da war das Ansinnen meiner Mutter, 1955 Fußball spielen zu wollen, natürlich zum Scheitern verurteilt. Umso mehr freute sie sich für mich, dass ich den Sport betreiben durfte, den ich so gerne mochte.

In den Siebziger- und Achtzigerjahren war der Trainer eine Institution, eine Respektsperson. Wenn er mir sagte, ich würde am nächsten Sonntag die 3000 Meter laufen, dann lief ich die. Das wurde nicht diskutiert. Obwohl ich »Langstrecke« nicht besonders mochte. Der Einzige, der meinem Trainer regelmäßig Vorhaltungen machte, war mein Vater, der sich sorgte, ob ich denn nicht zu klein, also zu jung sei für das alles – und überhaupt: Dieses viele Training, das sei doch sicherlich sehr anstrengend und ermüdend. Ich sei doch ein schwaches Mädchen, da müsse auch mal Rücksicht genommen werden.

Sascha, mein Trainer für die Kurzstrecke und das Weitspringen, schaute meinem Vater dabei jedes Mal tief in die Augen und seufzte. Herr Schröder wiederum, mein Trainer für die Langstrecke, den wir nicht duzen durften und der in seinem »richtigen« Leben Polizist war, dachte immer, mein Vater mache Spaß, lachte ein bisschen unsicher und sagte dann: »Komm, Sandra, einsteigen, um neun müssen wir in Dortmund sein.«

Meine gleichaltrigen italienischen Verwandten gingen keinem regelmäßigen Sport nach. Ich wusste, dass der eine oder andere Cousin sich mit Freunden zum »Calcio«, also zum Fußballspielen verabredete, aber es gab nur wenige Sportvereine und ein Eintritt in diese erschien der Jugend Campobassos nicht erstrebenswert.

Deutsche mögen Vereine anscheinend. Dort kann man sich organisieren. Dort werden, wie man es hier gerne hat, Strukturen gebildet, eine Basis geschaffen, und es herrscht Ordnung und Disziplin.

Italien ist, obwohl der Vereinsmeierei abhold, trotzdem in vielen Sportarten sehr erfolgreich. Im ewigen Medaillenspiegel der Olympischen Spiele, also Sommer- und Winterspiele, liegt Italien interessanterweise an vierter Stelle direkt hinter Deutschland, hat aber ehrlich gesagt nicht annähernd so viel Edelmetall gesammelt wie die deutschen Sportkameraden (Deutschland 1619 Medaillen, Italien 626). Nur Riesennationen wie USA und Russland haben noch mehr Gold, Silber und Bronze.

Obwohl mein Vater auch viele Jahre Fußball gespielt hat, wäre er nie auf die Idee gekommen, in einen Verein einzutreten. Er wollte Fußball spielen und nicht Kassenwart werden und in Kneipen über die Hallenordnung diskutieren. Außerdem ging er den anderen Eltern meiner Teamkolleginnen lieber aus dem Weg.

Eine Zeit lang leitete ich ersatzweise das Fußballtraining einer Jungenmannschaft und musste dabei zu meinem Leidwesen viele Eltern kennenlernen, die sehr ambitioniert waren. Wirklich sehr ambitioniert. Ein Vater hat mir während eines Fußballturniers einmal Folgendes erklärt: Es gäbe Gewinnerkinder und Verliererkinder. Und sein Quirin, der sei ein Gewinnerkind und kein Verliererkind, das auf der Bank sitzen müsse.

Als ich dann entgegnete, sein »Gewinnerkind« sei auch ein »Andere-Kinder-ständig-zusammenscheißen-und-treten-Kind« und ein »Ständig-meckern-Kind«, war er nicht entsetzt und reuevoll ob seiner vielleicht falschen Erziehungsmaßnahmen, die den Kleinen zu einem unfairen Rowdy gemacht haben, sondern der Ansicht, ich, seine Trainerin, würde seinen Quirin nur ausbremsen und wolle einfach nicht verstehen, dass der extrem begabte Jung-Fußballer seiner Bestimmung folgen würde, und dazu gehöre auch, mal den einen oder anderen Versager oder Verlierer spüren zu lassen, dass er nicht in die Mannschaft gehöre. Ich hatte den Satz: »Der Junge bleibt so lange sitzen, bis er lernt, dass Fußball ein Mannschaftssport und fair ist« noch nicht ganz ausgesprochen, da zog der Gewinnervater mit dem Gewinner-Quirin ab und hinterließ nur eine halb ausgetrunkene Apfelschorle. Von wegen Spaß am Sport und der Bewegung.

»FUSSBALL IST UNSER LEBEN, JA, KÖNIG FUSSBALL REGIERT DIE WELT«

Meine Eltern waren nicht nur große Fans meiner Leichtathletik-Wettbewerbe, sondern sind auch leidenschaftliche Fußballfans. Sie besitzen beide ein Trikot der Fußball-Nationalmannschaft, das sie bei jedem großen Fußballturnier tragen. Selbstverständlich hält mein Babbo zur »squadra azurra«, die immer in Blau antritt und sich durch ein perfektes Haar-Styling der Spieler auszeichnet. Meine Mutter unterstützt ihre deutschen Jungs, auch wenn das Trikot-Design der DFB-Elf zumindest bis zur Weltmeisterschaft 2002 schwer zu wünschen übrig ließ.

Sobald diese wichtigen Fußballturniere in die entscheidenden Runden gehen, also ab dem Achtelfinale, werden zusätzlich die Landesfahnen aus dem Fenster gehängt. Die Italienfahne Richtung Süden, sodass man sie vom Garten aus sehen kann; die Deutschlandfahne nach Norden, sodass sie über dem Hauseingang prangt.

Ich denke, man kann sagen, dass meine Eltern große Fußballfans sind. Und somit bin natürlich auch ich Fußballfan. Geworden. Durch meine Eltern. Die mich wahrscheinlich sonst während Länderspielen im Supermarkt ausgesetzt hätten. Denn meist ist es doch so, dass sich elterliche Begeisterung für ein Thema nur durch Zwang, süßeste Versprechungen (»Wenn du mit ins Theater gehst, bekommst du auch das Lego-Piratenschiff!«) oder schlichtweg Androhung der Enterbung an den Nachwuchs weitergeben lässt. Kinder literaturbegeisterter Eltern wünschen sich nichts sehnlicher als eine Playstation; Bergsteigerkinder wollen lieber Urlaub am Meer machen, und ich schlich mich während des WM-Finales 1982 aus dem Haus, als Paolo Rossi Italien in der zweiten Halbzeit zum 1:0 verhalf. Das Wehklagen meiner Mutter und die Siegesschreie meines Vaters (»Hab i doch glei gesagt, ihr könnte nix Fußball mit diese Frisure!«) waren bis in mein Versteck im Gartenhäuschen zu hören. Damals wurde mir bewusst: Ich hatte keine andere Chance, als mir beim nächsten Mal beide Trikots überzustreifen und mich meinem Schicksal zu ergeben.

Meine Mutter empfand es als absolute Notwendigkeit, dass ihre Tochter bereits als Grundschülerin die Abseitsregel erklären konnte – sie hielt das für mindestens so selbstverständlich wie die lückenlose Kenntnis des Einmaleins. Auch die wichtigsten Spieler der Bundesliga, ihre Trainer und die Spielergebnisse sowie die Platzierung von Borussia Mönchengladbach wurden regelmäßig abgefragt. Man hätte mich problemlos in der Nacht um drei Uhr wecken und fragen können, wer noch mal »die Katze von Anzing« ist, und ich hätte ohne jedes Zögern die richtige Antwort gegeben (für alle Damen, die nicht wissen, wer die Katze von Anzing ist: Es handelt sich dabei um den früheren Bayern-Keeper Sepp Maier). Natürlich wusste ich, welcher Fußballspieler scherzhaft »Tante Käthe« genannt wurde und warum die Arschkarte Arschkarte heißt. Kurzum: Ich wuchs in dem Bewusstsein auf, dass Fußball nach der Familie, gutem Essen und Freunden das Wichtigste im Leben sei. Und dass die italienische Nationalmannschaft, nach Aussage meines Vaters, die beste Mannschaft der Welt sei, durchwegs bestückt mit Halbgöttern in Blau. Es wird Sie nicht überraschen, dass meine Mutter eine andere und gleichfalls sehr dezidierte Meinung dazu hatte. Sie war komischerweise der Ansicht, die Deutschen seien die Besten.

Um die Fußballverrücktheit meiner Eltern ein wenig zu illustrieren, möchte ich gerne folgende Geschichte von der WM '86 erzählen. Deutschland spielte in der ersten Gruppenphase gegen Dänemark und verlor. Eines der beiden dänischen Tore wurde just in dem Moment erzielt, als ich mit einem Wurstbrot in der Hand das Wohnzimmer betrat, um mir zusammen mit meinen Eltern das Spiel anzusehen. Meine Mutter behauptete daraufhin, ich brächte der deutschen Mannschaft nicht nur kein Glück – sondern geradezu Unheil über die armen Spieler. Folglich durfte ich bis zum Ende des Turniers während der Deutschland-Spiele das Wohnzimmer nicht mehr betreten und zog am besten gleich Leine, um das Turnier mit Freunden anzuschauen.

»Sandra, meine kleine Glücksfee, warte, ich fahre dich schnell!«, versuchte meine Mutter mich und mein schlechtes Karma unauffällig aus dem Haus zu scheuchen.

Für die Tatsache, dass Deutschland bei dieser WM im Finale gegen Argentinien mit 3:2 Toren unterlag, gab es aus Sicht meiner Mutter einen ganz klaren Grund: Ich, Sandra Limoncini, war schuld daran, dass Deutschland 1986 nicht Weltmeister wurde. Das Wohnzimmerdeutschlandspielfußballverbot bestand sicherheitshalber auch noch bei der Europameisterschaft 1988. Der Bann wurde dann auch nur durch puren Zufall wieder von mir genommen. Ich musste während dieser Europameisterschaft dringend ins Wohnzimmer, um meine Autoschlüssel zu suchen, und genau in dem Moment, als ich den Kopf zur Tür reinsteckte, schoss Andreas Brehme den Ausgleich für Deutschland gegen Italien. Meine Mutter war begeistert und behauptete, ich sei eine Glücksbringerin, nein, sogar eine Glücksfee, und das habe sie schon immer gesagt, und eines sei klar, nämlich, dass ich dableiben müsse, sonst würden schlimme Dinge passieren. Ich blieb, und Italien schoss kein Tor mehr, obwohl die blauen Jungs wirklich besser spielten.

Fußball war also ein fester Bestandteil unseres Alltags. Der deutsche Volkssport schlich sich sogar in unseren familiären Sprachgebrauch: Statt »Sandra, jetzt werde doch mal fertig« hieß es bei uns: »Jetzt mach doch mal den Sack zu«. Das wird in der Fußballsprache benutzt, wenn Kommentatoren eigentlich sagen wollen, dass eine Mannschaft, die bereits in Führung liegt, jetzt durch ein weiteres Tor das Spiel bitteschön entscheiden soll. Wenn meine Mutter nach einer schlechten Mathearbeit sagte: »Ein Spiel dauert neunzig Minuten, und am Ende gewinnen immer die Deutschen«, so bedeutete dies: »Das Schuljahr ist noch nicht vorbei, und am Ende schaffst du es ja dann doch immer noch, aus der Fünf eine Vier zu machen.«

Ich wurde schon unzählige Male gefragt, wem ich die Daumen drücke, wenn Deutschland gegen Italien spielt. Beim Halbfinalspiel dieser Teams während der Weltmeisterschaft in Deutschland 2006 saß ich mit 600 anderen Fußballbegeisterten in München in einem großen Innenhof. Die Stimmung war der Hammer. Neunzig Minuten lang kämpften die Mannschaften um den Einzug ins Finale. In der Verlängerung schossen die Italiener dann das erste und noch ein zweites Tor. Bei jedem dieser Treffer standen 600 Menschen um mich herum kopf. Nachdem Deutschland verloren hatte, kehrte eine eigenartige Stille ein. Ich bemitleidete meinen untröstlichen Mann.

Doch als ich nach ein paar Anstandsminuten lauthals verkündetet: »Was soll's, ich hab ja noch eine Mannschaft im Turnier«, schmiss man mit leeren Bierbechern nach mir. Aber so ist es nun einmal: Ich möchte mich nicht auf eine Identität festlegen, warum sollte ich mich dann auf eine Mannschaft festlegen? Ich darf für die Deutschen jubeln – und für die Italiener. Das empfinde ich als ein riesiges Privileg.

Eines der lustigsten Zitate in Bezug auf Frauen und Fußball schreibt man dem ehemaligen Bundespräsidenten Johannes Rau zu. In den Neunzigerjahren wurde um den Namen für das neu erbaute Stadion des Vereins Schalke 04 gerungen. Der berühmte Schalker Spieler Ernst Kuzorra stand als Namenspate zur Debatte. Auf die Frage, warum denn ein Fußballstadion nicht auch nach einer Frau benannt werden könnte, soll Johannes Rau geantwortet haben: »Und wie sollen wir das Stadion dann nennen? ›Dem Ernst Kuzorra seine Frau ihr Stadion‹?«

Als mein damaliger Freund und heutiger Ehemann zu Beginn unserer Beziehung fragte, ob ich denn eigentlich auch mal mit ihm zu einem Fußballspiel gehen würde und was ich grundsätzlich von diesem schönen Sport hielte, war ich etwas verunsichert. Denn eigentlich – antwortete ich ihm – hätte ich meine zweite Karte für das Spiel FC Bayern gegen den Tabellenführer Werder Bremen schon jemand anderem versprochen. Aber ich wolle ihm unbedingt zeigen, wie Otto Rehhagel und die Bayern eins auf den Deckel bekämen, denn – holte ich aus – ich würde nicht glauben, dass Erich Ribbeck mit seiner Taktik des Positionswechsels erfolglos bliebe.

Da schluckte mein Freund, und ich glaube, er beschloss genau in diesem Moment, dass er mich heiraten müsse.

Also, ich finde Fußball echt toll! Leider interessieren sich unsere Kinder nicht die Bohne dafür. Verstehe ich gar nicht. Vielleicht sollte ich ihnen mal mit Enterbung drohen?

»Über Geschmack lässt sich nicht streiten«

Mein Vater wollte meiner Mutter eine Freude machen und ihr eine neue moderne Halogenlampe schenken. Ihm war es schon immer wichtig, schön zu wohnen, sich in seinem Heim wohlzufühlen. Er liebt Kissen auf dem Sofa, monumentale Schrankwände und Ottomane. Auch einen gewissen Hang zu Zinntellern oder Holztafeln mit metallener Buchstabenbeschriftung leugnet er nicht. Meine Eltern sind keine Designfreaks, aber sie gestalten ihr Zuhause gerne. Der Wandschrank in unserem Wohnzimmer ist ein Monster aus gedrechselter Eiche, doch sie lieben diese Scheußlichkeit aus dem Gruselkabinett eines ruchlosen Möbelhauses über alles. Weder Gardinen noch Teppiche werden nach praktischen Erwägungen oder Design-Richtlinen (Form follows Function und so) gekauft, sondern nach Farbe und Beschaffenheit. Teppiche mag mein Babbo ebenfalls unheimlich gern, und eine Zeit lang hatten wir so viele davon in unserem Wohnzimmer, dass wir sie übereinanderlegen mussten, wie in einem marokkanischen Kleinstpalast. Ich nannte meinen Vater in dieser Zeit daher auch nur den »Emir«, bis er einige der Teppiche in andere Räume schleppte.

Auch wenn wir geschmacklich nicht immer ganz einer Meinung sind, habe ich von ihm gelernt, dass es nicht egal ist, wie das Sofa aussieht, und die Optik neben Preis und Größe der wichtigste Kaufgrund ist, was auch immer man darunter versteht. Ich müsse doch auf dem Sofa sitzen und es mir jeden Tag ansehen, nicht er oder meine Mutter – so entzog er sich einer Wertung, als ich mir für mein erstes Jugendzimmer eine Couch mit kleinen weißen Blümchen wünschte und ihn um Rat fragte. Außerdem sei ein Sitzmöbel keine Entscheidung fürs Leben, die Frage, mit wem ich auf dem Sofa zu sitzen gedächte, sei wichtiger. Sehr philosophisch, fand ich. Und wurde selber eine mutige Stylistin, was mein Reich betraf. Ich begann schon früh damit, die Möbel meines Zimmers immer wieder umzustellen.

Meine Eltern berichten, sie seien regelmäßig in mein Zimmer gekommen und hätten sich fast das Genick gebrochen, weil wieder irgendein Schrank anders stand als noch am Abend davor und sie ihn beim morgendlichen Weckappell in der schummrigen Morgendämmerung nicht gesehen hätten. Bis heute habe ich das große Bedürfnis, meine Umgebung in regelmäßigen Abständen meiner Lebenssituation oder zumindest meiner Stimmung anzupassen. Unsere Tochter hat diese großartige Tradition bereits übernommen.

Mit zwei Jahren war sie der Meinung, dass ihr Bett nicht richtig stünde, und rückte es an einen anderen Ort in ihrem Zimmer. Diese Idee kam ihr kurz vor dem Schlafengehen, und zu unserer Überraschung fanden wir das Bett am nächsten Morgen an einer anderen Stelle vor.

Irgendwie erinnert mich diese Geschichte noch an etwas anderes. Auch unser Sohn ist ein großer Einrichter und Dekorateur geworden, wobei die Ausrichtung in seinem Fall, sagen wir, ins Naturelle geht. Gerne sammelt er Stöcke in verschiedenen Größen, klaubt Moos und Steine zusammen und baut sich damit Höhlen ins Zimmer. Bis auf die kleinen Krabbeltiere, die sich gerne mal auf dem einen oder anderen Stock verstecken, stört mich seine Angewohnheit nicht. Aber wenn sich Tarantula auf diese Weise Zugang zu unseren Wohnräumen verschafft, werde auch ich ein bisschen nervös. Die haarige Hauswinkelspinne, die in Deutschland und Europa sehr verbreitet ist, kann bis zu sieben Zentimeter groß werden, inklusive Beine. Und die Vorstellung, dass dieses Biest mit unserem Sohn in einer Art WG wohnt und nur darauf wartet, mich nachts mal zu besuchen, jagt mir Angst ein. Ich habe deshalb die Stöcke und Moose mitsamt ihren darauf residierenden Bewohnern ins Gartenhäuschen umgesiedelt. Sie leben dort jetzt in einer nicht eingetragenen Partnerschaft und verstehen sich bestens.

Ich unterstütze aber nach wie vor seine Versuche, sich sein Reich so einzurichten, dass er sich wohlfühlt. Auch wenn ich seine Skateposter, die sein Zimmer mittlerweile wie eine Art Fototapete dominieren, nicht immer schön finde. Aber es entspricht ihm.

Alessandra berichtete mir von einer Mutter, die stolz die neuen Räume ihrer Kinder vorführte, in denen sie sich verwirklicht hatte. Jedes Zimmer wurde streng nach einem Motto eingerichtet. Umschreiben wir es mal mit »ambitioniert«: Der Sohn wohnte in einem Traum aus Bärengesichtern. Das Bett, der Tisch, der Schrank, die Kommode, alle Bilder und auch der Bademantel waren mit einem Bären versehen. Totaaaal süß. Fand die Mutter. Die Tochter der einrichtungsbegabten Mutter hatte ein passendes Pendant zur Bärenhöhle bekommen. Die Mama hatte das originelle Motto »Prinzessin« gewählt und ihrem Kind einen Traum aus Rosa, Glitzer und diversen flatternden Feenartikeln wahr werden lassen. Alessandra raunte mir zu, dass sie in keinem der Zimmer auch nur ein Auge zumachen könnte. Aber sie bewunderte die Mühe, die sich die Bärenmami gemacht hatte. Sie habe nämlich auch schon Zimmer gesehen, die bis auf ein Bett und einen Schrank praktisch leer waren. Designorientierte deutsche Eltern möchten nämlich gerne, dass die Räume ihrer Kinder wie das Wartezimmer eines Hals-Nasen-Ohren-Arztes aussehen. Schlicht, puristisch, mit ein paar alten Spielzeugen, die sie auf einem Trödelmarkt in Belgien gefunden haben, die in einem Vintage-Regal stehen, wie zufällig dort gelandet. Pädagogisch wertvolle und natürlich nur in Schweden hergestellte Spielzeuge ergänzen das Bild, und die dänischen, handgeklöppelten Bettbezüge sind immer einfarbig. Teppiche gibt es oft nicht, weil sie die Symmetrie der Räume stören und nur den lackierten Zementboden verdecken würden. Alessandra erzählte, sie habe in der Absicht, besonders interessiert zu wirken, die Inhaber eines solchen ihr vorgeführten Kinderzimmers gefragt, wann der Raum denn fertig sei, damit das Kind dort auch endlich einziehen könne?

Kinder sind jahrelang dem Geschmack ihrer Eltern ausgeliefert. Unweigerlich. Wenn sich Eltern diesbezüglich überhaupt Gedanken machen, ist das schon toll, denn keinen Geschmack zu haben, ist kein Verbrechen. Natürlich nicht. Aber sich keine Mühe zu geben, Geschmack bei den eigenen Kindern zu fördern, oder, noch schlimmer: ihnen den eigenen aufzudrängen, das ist eines.

Auch wenn Italien das Land des Designs und der Mode ist, muss man nicht glauben, dass alle Italiener wie Domenico Dolce und Stefano Gabbana eingerichtet sind. Meine Tante Anna zum Beispiel hat auf dem blauen Kunstledersofa in ihrer Wohnung in Campobasso einen Pierrot sitzen, der ein Gesicht aus Porzellan hat und Schuhe mit kleinen Glöckchen trägt. Darüber hängt das in Italien obligatorische Portrait eines weinenden Zigeunermädchens.

In der Wohnung meiner Nonna wiederum hängen über zwanzig Portraits von Padre Pio, der ganz in der Nähe ihrer Heimatstadt sein heiliges Werk verrichtete. Darüber hinaus stehen auf ihrem Frisiertisch im Schlafzimmer mehrere kleine Marienstatuen aus Plastik. Eine davon kann sogar im Dunkeln leuchten.

Wenn mein Vater eine seiner berühmten Hausführungen absolviert, lässt er jeden an seiner Schwäche für mundgebissenen Gelsenkirchener Barock teilhaben. Und auf der Suche nach der eingangs erwähnten Halogenlampe hat er es tatsächlich geschafft, die mit Sicherheit einzige Halogenlampe der Welt zu finden, die einen gedrechselten Eichenfuß aufweist – sowie den dazu passenden, extrem mutig bemalten Lampenschirm. Er gab keine Ruhe, bis er genau diese Leuchte gefunden hatte, denn sie sollte schließlich zu seiner schönen Schrankwand passen.

Ich war vor Kurzem in Rom und entdeckte dort ein ganz großartiges Geschäft. »Articoli religiosi«, ein Ladenlokal ganz in der Nähe des Petersdoms, das religiöse Preziosen anbietet. Dort fand ich endlich das, was ich schon jahrelang vermisst hatte, ohne es zu wissen: eine Madonnenstatue aus Plastik – und das Beste: Sie leuchtet im Dunkeln, wie die meiner Nonna. Ich liebe es.

»PLÄDOYER FÜR EINE NEUE LÄSSIGKEIT«

Meine Tochter ist momentan in einer Art und Weise faul, dass ich manchmal fassungslos bin. Vor wenigen Wochen saßen wir beim Abendessen, und sie fragte ihren Vater freundlich, ob er ihr mal den Pfeffer reichen könne. Er entgegnete, der stünde noch in der Küche nebenan. Sie sagte nur: »Ich weiß.«

Wenn sie neben mir auf dem Sofa liegt, kann es passieren, dass sie mich bittet, ihr das Glas zu geben, das vor ihr auf einem Tablett steht. Ein befreundeter Arzt erläuterte mir, das sei Teil der Pubertät. Im Körper unserer Tochter würden jetzt über Jahre größere Umbaumaßnahmen stattfinden, da seien die Kinder überfordert und müde, und das würde sich in Form dieser Trägheit zeigen. Die Lehrer unserer Tochter bestätigen diesen Umstand und erklären uns eigentlich seit Jahren, unser Kind könne im Prinzip alles, wolle aber nicht arbeiten und lernen und würde nur wirklich das leisten, was es müsse, keinen Deut mehr. Im Klartext heißt das, sie könnte beispielsweise in Deutschprüfungen locker eine der Besten sein, hat bloß überhaupt kein Interesse daran. Ein Bekannter, dem ich von diesem Umstand berichtete, war erschüttert. Wenn sie wirklich die Möglichkeiten hätte, eine der Besten zu sein, sei es unser Versagen, wenn sie unter ihren

Möglichkeiten bliebe. Das ist eine unter Deutschen sehr geläufige Position. Leistung ist darin ein Wert für sich und Ehrgeiz eine größere Tugend als Gelassenheit, für die mein Vater in der Angelegenheit plädierte und damit die Gegenposition einnahm.

Der italienische Opa des kleinen Faultiers warnte mich, es unter Druck zu setzen, denn wer ständig für die Schule büffelt, verpasst die Hälfte des Lebens und kann nicht mit dem Nonno Eis essen gehen. Oder ins Kino oder mit ihm in der Stadt herumlaufen. Das sei ja wie früher, rief er empört, als Kinder den ganzen Tag in der Fabrik schuften mussten.

Es ist für Eltern nicht ganz einfach, zwischen den vielen unterschiedlichen Meinungen zu diesem Thema eine eigene Haltung zu entwickeln.

Die Deutschen können sich rühmen, seit 1904 Kinderarbeit abgeschafft zu haben. Unter zwölf Jahren, hieß es damals, dürften Kinder nicht mehr in gewerblichen Unternehmen tätig sein. Eltern mussten akzeptieren, dass sie von ihren Kindern kein zusätzliches Einkommen mehr erwarten konnten. Diese Eltern mussten lernen, dass Kinder Zeit brauchen, um erwachsen zu werden, und dass die Kindheit kein zu ändernder Zustand, sondern ein Lebensabschnitt ist. Sie sollte eine Zeit der Unbeschwertheit darstellen, ohne Druck und Verantwortung.

Die Tatsache, dass Kinder und ihr Körper Zeit brauchen, um sich zu entwickeln und zu entfalten, wurde spätestens in den Sechzigerjahren zur Binsenweisheit. Jungen und Mädchen müssen schon lange keinen finanziellen Beitrag mehr leisten. Sie haben stattdessen Zeit zum Spielen, besitzen ein Recht auf Schulbildung und die Freiheit zu entscheiden, womit sie ihre Zeit verbringen möchten. Diese Freiheit ist eine wichtige zivilisatorische

Errungenschaft. Komischerweise wird sie aber genau von jenen infrage gestellt, die sie selber als Kind in den Siebzigerjahren genossen haben: von den Eltern.

Sie akzeptieren klaglos, dass ihre Kinder keine Kindheit mehr erleben dürfen, weil sie ab ihrem zehnten Lebensjahr in einen Zeitplan gezwängt werden, der ihnen mehr Termine aufbürdet als einem Angestellten im mittleren Management. Schüler müssen heute viele Stunden Hausaufgaben machen und dann für Prüfungen lernen. Auch am Wochenende. Da die Regelschule, insbesondere nach der Einführung des achtstufigen Gymnasiums, nicht mehr dazu in der Lage ist, den Stoff in der dafür vorgesehenen Zeit zu vermitteln, wird mittlerweile nicht nur nachgelernt, sondern auch dazugelernt und sogar vorgelernt. Nahezu ein Drittel der Gymnasiasten erhält heute Nachhilfe. Das statistische Bundesamt schätzt, dass deutsche Eltern alleine im Jahr 2007 annähernd fünf Milliarden Euro für Nachhilfe und Lernmittel ausgaben.

Hobbys werden zugunsten der Schule und der Lernzeit aufgegeben oder in die Abendstunden verlegt. Freunde kann man nicht mehr oder selten besuchen, weil dazu die Zeit fehlt. Kindergeburtstage an Wochentagen finden nicht mehr statt, weil die Gäste aufgrund hoher Termindichte keine privaten Einladungen mehr annehmen können. Und ich spreche hier nicht von bedauernswerten Einzelfällen. Was ich hier beschreibe, ist Alltag in Deutschland. Auch in meinem direkten Umfeld.

Ich selber war natürlich eine phantastische Schülerin, immer pünktlich, immer perfekt vorbereitet, habe nur Bestnoten nach Hause gebracht, wurde zur Schülersprecherin gewählt und habe das beste Abitur meines Jahrgangs abgelegt.

Okay. Ich gebe zu, bis auf die Schülersprecherin war

alles gelogen. Ich habe nur das Nötigste gemacht und mein Abitur gerade so haarscharf bestanden. Aber ich hatte unheimlich viel Spaß in dieser Zeit, und wenn ich daran zurückdenke, erinnere ich mich an Zeltlager, Partys, Raucherecken, Teestuben und einen zitronengelben VW-Käfer, der beinahe auseinanderfiel, aber noch gut genug war, um damit nach Düsseldorf in die Altstadt zu fahren und dort zu feiern. Meine Eltern kümmerten sich nur an Elternsprechtagen um meine Schulangelegenheiten, und der Satz: »Am Wochenende wird Mathe gelernt« ist nie gefallen.

Meine Eltern handelten jedoch nicht aus Desinteresse so, sondern aus Sorge um mein unmittelbares Wohlergehen. Sie wollten nicht, dass ich alles kann und weiß, sondern dass ich glücklich bin. Es mag Kinder geben, die nur dann glücklich sind, wenn ihre schulischen Leistungen über Niveau rangieren, aber wenn man genauer hinsieht, wird ihnen auch diese Veranlagung von außen zugeschrieben. Meine Eltern waren froh darüber, dass ich auf ein Gymnasium ging, beobachteten meine Schulleistungen aus dem Hintergrund und griffen in der Regel nur ein, wenn ein Problem für mich allein nicht mehr zu handhaben war.

Meine Tochter liegt im Moment am allerliebsten herum und macht gar nichts. Manchmal pflegt sie ihre sozialen Kontakte im Internet, schaut dabei »Scrubs« und telefoniert gleichzeitig. Manchmal arbeitet sie aber auch stundenlang an entzückenden Musikvideos, zaubert darin unseren Hund weg oder nötigt unseren Sohn, sich für einen Kurzfilm als Liebesbriefe schreibenden Teenager auszugeben. Ansonsten ist sie wechselweise reizend, anlehnungsbedürftig oder aufbrausend und stocksauer. Wie sich das für eine Vierzehnjährige gehört.

Ich bin gerne bereit, zu akzeptieren, dass unsere Tochter keine herausragende Schülerin ist, solange sie eine herausragende Vierzehnjährige ist. Mit ihrer wechselhaften Laune, den seltsamen Frisuren, mit denen sie uns in kürzer werdenden Abständen überrascht, und der Bummelei, der Inaktivität, dem Schlendrian, der Müßigkeit, dem Nichtstun, der Langsamkeit, der Untätigkeit, der Trägheit, dem Phlegma, der Geistesabwesenheit, der Lethargie und der Passivität. Wir lieben sie sehr.

»Babbo Natale kommt natürlich auch nach Deutschland«

Weihnachten ist eines meiner allerliebsten Feste. Früher natürlich wegen der Geschenke, heute mag ich es, weil es so gemütlich ist und die Kinder, mein Mann und ich die ganze Zeit zusammen sind. Wir spielen viel, futtern wie die Geisteskranken und streiten nicht. Ich habe gehört, dass viele Familien sich gerade zur Geburt des Heilands irrsinnig zanken. Wahrscheinlich liegt es daran, dass sich viele Familienmitglieder unterm Jahr kaum sehen, dann an diesem einen Tag aufeinandertreffen und eine spitzenmäßige Feier und exklusive Geschenke erwarten. Wenn man dann so richtig gemütlich zusammensitzt, muss man feststellen, dass der eigene Bruder noch immer derselbe Depp ist wie im vergangenen Jahr und man schon wieder einen bayerischen Krimi geschenkt bekommen hat, vom selben Autor wie im letzten Jahr. Also fängt man an, sich zu zanken, weil man seinem Bruder eigentlich schon längst mal sagen wollte, dass seine Witze nicht lustig sind, sich außerdem immer unter der Gürtellinie abspielen und er einen grauenvollen Einrichtungsgeschmack hat. Überhaupt hätten ihn die Eltern immer bevorzugt, und nur deswegen sei er so weit gekommen, und er soll sich nichts einbilden auf das tolle Haus und seine klugen Kinder, die übrigens zu dick seien und keineswegs klug, sondern nur gedrillt von der überehrgeizigen Mutter, die sich mit Botox das letzte bisschen Menschlichkeit aus dem Gesicht wegspritzen lässt. Aber gut, so spielt das Leben im Würgegriff der Wohlstandsverwahrlosung. Und so weiter und so fort.

Anscheinend streite ich mich unterm Jahr genug mit meiner Familie, weshalb wir uns während der Weihnachtsfeiertage nie in die Haare geraten. Außerdem beschenken wir uns sehr gerne und reichlich. Ich liebe es, mir Geschenke zu überlegen, und freue mich immer, wenn alle glücklich sind und ein paar Wünsche erfüllt bekommen haben. Außerdem darf ich Weihnachten kochen, und zwar die leckeren, unvernünftigen Sachen. Mehrere Gänge mit Schweinereien, die man sich nicht jeden Tag gönnt. Mir läuft bereits das Wasser während des Schreibens wieder im Mund zusammen. Und manchmal laden wir auch jemanden ein. Brüder oder Schwestern oder unsere Eltern.

Als ich 17 oder 18 Jahre alt war, luden meine Eltern an Heiligabend einen meiner Freunde ein, der aus einer muslimischen Familie stammt. Ich hatte ihnen erzählt, dass Moah noch nie Weihnachten gefeiert hätte, also sagten sie kurzerhand: »Dann bring de Jung mal mit.« Mein Vater war begeistert davon, einen meiner Freunde zu Gast zu haben, und wollte ihm alle traditionellen Gerichte auftischen, die man in unserer italienischen Familie Heiligabend zu essen bekommt. Ich konnte ihn gerade noch davon abhalten, denn als Moslem war Moah sicherlich nicht daran interessiert, »Zampone« zu probieren, das ist ein gefüllter Schweinefuß.

In Italien ist Weihnachten ein reines Familienfest. Geschenke gibt es auch, aber eigentlich nur für Kinder, die kurz nach Weihnachten, wenn »la Befana«, die Hexe, kommt, aber noch mal großzügig bedacht werden. Bei diesen Geschenken handelt es sich fast immer nur um sinnfreies Spielzeug. Die in Deutschland gern gesehene Sitte, einander große Geschenke wie Fahrräder, Stereoanlagen oder Schmuck zu machen, ist ebenso unüblich wie die sehr deutsche Angewohnheit, große Anschaffungen (neue Waschmaschine, Auto, Niere) auf das Weihnachtsfest zu legen, sich also mit ohnehin notwendigen Dingen selbst zu beschenken. Dem italienischen Weihnachtsfest fehlt der Service-Charakter völlig, auch bei den Kleinen. Denn Wunschzettel, auf denen Kinder genau festhalten, was sie sich wünschen, und was sie dann mindestens zu 60 Prozent auch unter dem Baum vorfinden wollen, gibt es nicht. Den Mittelpunkt der Weihnachtsfeier bilden das Essen und das gemeinsame Spiel. Auch wenn das jetzt klingt wie bei »Unsere kleine Farm«. So läuft das dort nun mal. Und in meiner Familie, die aus einer Gegend kommt, die spezialitätentechnisch in erster Linie für Innereien bekannt ist, bedeutet das kochen, kochen und kochen. Und danach wird noch ein bisschen weitergekocht. Und dann wird vor allem gegessen. Viel und reichlich und bloß nicht zu wenig. Dazwischen wird gequasselt und über das Essen geredet. Wenn dann alles verputzt ist und sich die Kinder ein bisschen mit den Geschenken beschäftigt haben, wird Tombola gespielt. Eine Art Bingo. Man muss auf einem Spielzettel eine zuvor ausgeloste Zahlenreihe abkreuzen, wann immer auf einer Drehscheibe eine der gesuchten Ziffern erscheint. Wer als Erster fertig ist, ruft »Tombola« und bekommt einen Preis oder ein Küsschen. Manchmal spielt man auch »salta cavallo«, ein Kartenspiel mit Kleingeldeinsatz.

Manchmal muss ich an Weihnachten auch zu Verwandten. Da ist es zwar ebenfalls schön, aber ich leide dann immer ein bisschen, denn dort wird nicht so viel gespielt, und wenn sich die anderen streiten, muss ich zusehen und zuhören, und dann denke ich an mein Weihnachten und werde ganz still.

Das italienische Weihnachten steht dem deutschen kommerziell gesehen in nichts nach. Auch dort werden die Kinder beschenkt, und alle essen etwas Gutes. Vielleicht ist es dort ein wenig lockerer, denn auch Freunde sind Weihnachten willkommen. Innerhalb der Familien wird der Heiligabend nicht zu »dem« Familienfest erkoren, sondern ist ein besonderes Fest, das aber alle gemeinsam feiern und begehen können.

Wenn ich Weihnachten in Italien bin, besuche ich natürlich auch mit meiner Nonna die Messe. Dort gehen überhaupt alle in die Kirche, denn alle sind katholisch. Dass auch Protestanten und Freikirchen die Geburt Jesu mit schönen Gottesdiensten feiern, können sich Italiener beim besten Willen nicht vorstellen. Einer der Cousins meines Vaters hat eine Dame geheiratet, die bei den Zeugen Jehovas war. Das wurde mir eines Tages unter dem Siegel der Verschwiegenheit erzählt, weil es etwa genauso schlimm für meine erzkatholische Nonna war, wie ihren verehrten Padre Pio der Lüge wegen seiner Stigmata zu bezichtigen. Ich erinnere mich noch genau daran, wie meine Nonna sich tatsächlich verschwörerisch die Hand vor den Mund hielt, während sie mir diese Ungeheuerlichkeit weitergab.

Jedenfalls gehen alle in die Kirche und feiern dort einen riesigen, glamourösen Gottesdienst, bei dem ohne Rücksicht auf Verluste und empfindliche Ohren gesungen wird. Italiener sind auch beim Singen nicht schüchtern, und schon gar nicht, wenn es darum geht, den Heiland beziehungsweise Jesus zu ehren. Der Sohn der Nachbarin

Signora Diodati ist Priester geworden, was das ganze Dorf bis heute als unglaubliche Gnade empfindet. Er hätte seiner Familie keinen größeren Gefallen tun können. Alle sprechen immer nur voller Respekt und Ehrfurcht von Giuseppe, dem Priester. Ich mochte ihn immer ganz gerne. Er war stets nett und lustig. Viele Jahre später war er der Geistliche, der die Hochzeit meiner Cousine Christina vollzog, und er wirkte zunächst leicht humorlos, als die Kinder während der Zeremonie ein wenig lauter waren. Als aber mein Schwager und mein Mann ein Bild der heiligen Maria durch die Kirche tragen sollten und es aus Versehen falsch herum durch den Mittelgang zum Alter brachten, musste selbst Giuseppe lachen. Die heilige Jungfrau Maria im Kopfstand, das hatte er noch nie gesehen. Maria hätte das bestimmt gefallen, meinte er anschließend, das sei gut für die Durchblutung.

Ich muss an dieser Stelle aber auf jeden Fall noch den großartigen Weihnachtsbaum meiner Nonna erwähnen. Der ist aus Plastik, zusammensteckbar und etwa 25 Zentimeter hoch. Man muss also schon sehr genau hinschauen, um ihn zu entdecken, aber dafür hat er eine wunderschöne Lichtorgel, die in allen erdenklichen Farben vor sich hin blinkt. Es ist ein bisschen wie bei Saturday Night Fever, aber wirklich sehr schön. Meine Tante besitzt ebenfalls einen aus Vollplastik. Der ist allerdings zudem noch mit Kunstschnee bestäubt. Sieht sensationell aus. Allerdings ist man nach dem Betrachten dieses Baumes geblendet, sodass man etwa 20 Minuten lang wie ein Schneeblinder durch die Wohnung tappt. Aber das ist halt Weihnachten.

»WIR STREITEN NICHT, WIR REDEN NUR«

Italiener können nicht leise reden. Das geht einfach nicht. Unmöglich. Mein Mann hat mich schon öfter gefragt, worum es bei dem Streit zwischen zwei italienischen Gesprächspartnern ginge. Durch die heftigen Handbewegungen und die bloße Laustärke gehen Deutsche gerne davon aus, dass essenzielle Auseinandersetzungen stattfinden, dabei geht es lediglich um die Qualität des Mozzarellas von Lorentini, dem Lebensmittelladen in der Nähe des Hauses meiner Nonna.

Reden oder Diskutieren wird in Italien mit Leidenschaft betrieben, was zur Folge hat, dass Wörter und Sätze eben etwas heftiger, schneller und dadurch auch ein kleines bisschen lauter den Mund verlassen. Das wiederum führt aber auch dazu, dass bei einem Streit in Italien der Lautstärkeregler noch ein ganzes Stück weiter nach rechts gedreht wird.

In meiner Familie wurde traditionell mit nichts hinterm Berg gehalten. Wenn es einen Grund gab, sich auszusprechen, wurde das auch rückhaltlos absolviert. Wenn es mich ärgerte, dass meine Schwester ständig in meinem Kleiderschrank herumwühlte, konnte man im Umkreis von 50 Metern sicher sein, dass sie umgehend von diesem Unmut erfahren hat.

Vorteil dieses Verfahrens: Es herrschen immer klare Verhältnisse.

Nachteil: Man hat ständig jemanden an der Backe, der einen mit den Worten begrüßt: »Du, ich muss mal dringend mit dir reden.« ... »Ja, sofort.« ... »Nein, das hat keine Zeit!«

Als ich meinen Mann kennenlernte, musste er feststellen, dass ich eine ganz andere Streitkultur erlernt hatte als er. Wenn mein Babbo sauer war, war der so sauer, dass einem das unmöglich entgehen konnte. Unmöglich. Auch was die Laustärke betraf. Es machte ihm im Gegenzug aber auch nichts aus, wenn man zurückbrüllte, blaffte und meckerte. Das gehörte für ihn dazu. Und für mich dadurch auch. Solange ich ihn nicht grundlos beschimpfte, war das Zurückbrüllen – wie es so schön im Fußball heißt: internationale Härte. Wenn der Streit vorbei war, konnte man dafür auch sicher sein, dass beide Seiten zum entsprechenden Thema alles gesagt hatten. Wirklich. Alles.

Ich habe zu der etwas unangenehmen Phonzahl bei »Diskussionen« auch noch die Angewohnheit entwickelt, mit arglos herumliegenden Gegenständen zu werfen. Im Streit mit einem meiner Ex-Freunde flog zum Beispiel mal ein Telefon durch die Luft. Und das zu einer Zeit, als Telefone noch richtige Apparate waren mit riesiger Tastatur und Kabel am Hörer. Der Kerl war allerdings sportlich und konnte sich rechtzeitig wegducken. Eigentlich schade.

Mein Mann hatte eine Streitkultur genossen, die dem diametral gegenüberstand. In seiner Familie wurde diskutiert, man wurde NICHT laut und versuchte, mit Argumenten oder wenigstens einer scharfen Rhetorik zu punkten. Sie können sich seine Überraschung vorstellen, als zum ersten Mal ein Handfeger an seinem Ohr vorbeiflog.

Ich behaupte heute noch, dass er zu Recht flog, aber wir leben ja in einer Demokratie.

Ich bin mir zu 100 Prozent sicher, dass das Werfen von Gegenständen extrem befreiend ist. Brüllen auch. Die Wut auszutoben, muss einfach gesund sein. Ich gebe zu, dass es für das Gegenüber nicht unbedingt angenehm ist, aber einen Tod muss man sterben. Dafür bin ich nicht nachtragend.

Sich lautstark zu streiten, wird in Deutschland eher dem Prekariat zugeschreiben. Kultivierte Menschen wie mein Gatte zanken nicht, sie setzen sich auseinander und geben sich negatives und positives Feedback. Das kann dazu führen, dass Kinder keine klare Ansage erhalten, wie etwa: »Mann, jetzt reicht's, ich hab die Schnauze voll. Ich bin jetzt echt sauer«, sondern eine ausführliche und weichgespülte Kritik, die keine mehr ist. In einem Urlaub auf Sylt hörte ich einer Mutter zu, die eigentlich stinkwütend auf ihren Sohn war, weil der sie ununterbrochen mit Sand bewarf. Sie sagte tatsächlich: »Tassilo, du hast jetzt zwei Handlungsoptionen, entweder du unterlässt das Werfen des Sandes, oder ich werde mit dir diesen Strandabschnitt verlassen.« Interessanterweise hörte Tassilo nicht auf mit seinem schändlichen Tun, und die Mutter kündigte die zweite Handlungsoption des Sohnes an, indem sie ihn an der Hand vom Strand zerrte und sagte: »Gut, dann musst du jetzt die Konsequenzen deines Handelns tragen.« Dass sie sich damit selber am meisten bestrafte, weil sie ja nun auch nicht mehr am Strand liegen und lesen konnte, hatte sie offenbar übersehen. Ein knapper Anschiss und die Drohung, ihm ein Pfund Sand in den Mund zu stopfen, hätte womöglich mehr gebracht.

Ich schwöre, ich habe meine Kinder bisher noch nicht mit Haushaltsgegenständen beworfen, obwohl ich schon öfter Grund dazu gehabt hätte. Aber ich kann zugeben, dass ich sie mehr als einmal laut und deutlich angeschnauzt habe. Jedenfalls gab es bei ihnen nie Unsicherheiten wie: »Äh, ist meine Mutter jetzt sauer oder nicht?« Ich bin mir sehr sicher, sie bemerken das sofort.

Als unser Sohn in der Schule eine Zeit lang von einem Mitschüler drangsaliert wurde, hat er versucht, diesem Jungen aus dem Weg zu gehen. Er versteckte sich, spielte mit anderen Kindern in entlegenen Ecken des Schulhofes. Aber dieser Querulant fand ihn. Immer. Die Klassenlehrerin ermahnte unseren Sohn, mit dem Jungen zu reden, ihm anzubieten, ihn mal bei uns zu besuchen, dann würde man sich besser kennenlernen und sich besser verstehen. Er versuchte es, aber es half nichts. Jeden Tag klagte unser Junge, dass der Bursche ihn nicht in Ruhe lassen würde. Ich erinnerte mich an eine ähnliche Geschichte mit einem Mädchen aus unserer Nachbarschaft, die meine Schwester immer wieder biss und drangsalierte. Mein Vater schaute sich das eine Weile an, dann stattete er dem Haus der Familie dieses Kindes einen Besuch ab und kam nach circa zehn Minuten wieder zurück. Das Nachbarmädchen hat meine Schwester nie wieder gebissen. Wenn sie uns begegnete, wechselte sie die Straßenseite und grüßte vorher höflich.

Ich überlegte, was ich unserem Sohn raten sollte. Natürlich würde ich ihn nicht dazu anhalten, ein anderes Kind zu schlagen, aber ihn zu ermuntern, »sich zu wehren«, beinhaltet naturgemäß verschiedene verbale und nonverbale Möglichkeiten. Ich stattete daher der Lehrerin einen Besuch ab, und wir sprachen gemeinsam mit meinem Sohn und diskutierten NICHT laut. Ich versuchte, die Lehrerin mit Argumenten davon zu überzeugen, dass sich zu wehren bei kleinen Jungs auch bedeuten könne, vielleicht das ein oder andere Mal handgreiflich zu werden. Natürlich nur in einem geringen, ungefährlichen Ausmaß. Aber selbst diese Diskussion löste unser Problem nicht. Konnte es sein, dass man sich hier als Opfer um Verständnis bewerben musste?

Mein Mann ist Pazifist und sehr ausgeglichen. Er diskutiert gerne und versucht immer mit Argumenten zu überzeugen. Er brüllt nicht, tobt nicht und droht nie. Zwei Wochen nach meinem Gespräch mit der Klassenlehrerin verweigerte unser Sohn schon zum wiederholten Mal aus Angst vor seinem Verfolger den Schulbesuch. Da setzte sich mein Mann ins Auto und fuhr zum Haus der Familie des bösen Jungen. Er war nach ein paar Minuten wieder zurück. Der Störenfried hat unseren Sohn nie wieder geärgert oder auch nur angesprochen. Er hat gegrüßt. Sehr kurz, aber höflich.

Ich habe meinen Mann nie gefragt, was er in diesem Haus eigentlich gemacht hat, was und wie er es den Leuten dargelegt hat. Aber es muss so etwas Ähnliches gewesen sein wie das, was mein Vater damals gesagt hat. Womöglich hat Babbo ihn in die Geheimnisse italienischer Väter eingeweiht?

»WO LIEGT DENN DER UNTERSCHIED ZWISCHEN FLÜCHEN UND SCHIMPFWÖRTERN?«

Meine Cousine Antonella machte mir Zeichen, ich solle doch mal zu ihr ins Zimmer kommen. Sie müsse mir etwas mitteilen. In Erwartung einer extrem aufregenden oder wenigstens gruseligen Nachricht kam ich der Aufforderung nach. Wir setzten uns auf ihr Bett. Sie schwieg, dann holte sie Luft und sagte, sie müsse mir etwas Schreckliches über ihren Vater erzählen. Sofort dachte ich an eine heimliche Freundin oder eine konspirative Flucht vor der Familie oder an einen vielleicht vor dreißig Jahren begangenen Mord.

»Lassen sich deine Eltern scheiden?«, fragte ich empathisch wie immer. Das war das andere Horrorszenario der Achtzigerjahre. »Nein«, sagte sie und schluckte. Und dann kam endlich die Beichte, die ihr unendlich schwerfiel: »Mein Vater flucht!«

Ich wurde sehr still und musste diese Information erst einmal sacken lassen. Bitte? Hat die'n Knall, was soll so schlimm daran sein, wenn jemand »Verflucht noch mal« sagt?

Aber natürlich nickte ich verständig und versprach, ich würde dieses brisante Geheimnis niemandem verraten. Meine Cousine bedankte sich unter Tränen, und ich lief sofort zu meinem Vater, der mich aufklärte.

In Italien gibt es zwei Arten, auf Missgeschicke, Ärgernisse oder Polizeikontrollen zu reagieren. Man äußert Schimpfwörter – oder man flucht. Das Repertoire meiner Kraftausdrücke im Italienischen war von jeher beträchtlich, aber das liegt natürlich daran, dass es so wunderschöne gibt. Natürlich hatte ich damals auch schon ein paar Flüche in meinem Portfolio, die ich aber nicht oft benutzte. Anscheinend war das auch gut so.

Wenn eine Oma in Deutschland beim Verlassen des Supermarktes »Himmel Herrgott noch mal« ruft, weil sie vergessen hat, ihren Gebissreiniger zu kaufen, würde sich kein Mensch nach ihr umdrehen. Wenn hingegen derselben feinen Dame die Einkaufstasche umkippt und sie »Jetzt leck mich doch am Arsch, so eine Scheiße noch mal« ruft, wäre man sehr, sehr irritiert.

In Italien ist es exakt umgekehrt. Wir sprechen hier von einem erzkatholischen Land. Dort zu fluchen, also den Heiland für ein Missgeschick verantwortlich zu machen, bedeutet, sich gottlos zu verhalten. Als gottlos gelten Ehebruch, Mord und Raub – und eben auch das Fluchen. Ein fluchender Italiener begeht geradezu ein Verbrechen, wenn er solche Sachen sagt wie »Porco Dio« oder »Porca Madonna«.

Ein Fluch heißt im Italienischen »una bestemmia«. Dort steckt das Wort Bestie drin. Eine Anspielung auf den Teufel. Also reine, saubere Blasphemie. Nicht gut. Ein Schimpfwort ist eine »parolaccia« – da steckt lediglich »parola« drin, also das Wort. Allein am Wortstamm erkennt man also schon den großen Unterschied. Kein Wunder also, dass meine Cousine so durchgedreht ist.

Seit diesem Tag achtete ich in Italien vermehrt darauf, wer wann wie fluchte oder schlimme Wörter sagte und stellte Folgendes fest: Alle Menschen, ob alt oder jung, seriös oder nicht, warfen mit fiesesten Schimpfwörtern um sich, als wenn es Blümchen wären. Ich habe Hochschulprofessoren gehört, die andere ungeniert als Sohn einer Hure oder »Stronzo«, frei übersetzt als Arschloch bezeichneten, und niemand reagierte schockiert oder betreten. Wenn aber ein kleines Kind in Unkenntnis der richtigen Wortwahl einen Fluch aussprach, wurden die Mithörenden blass, schlugen entsetzt die Hände vors Gesicht, und dem Kind wurde gedroht, es bekäme den Mund mit Seife ausgewaschen.

Es ist wirklich skurril: Den Begriff »cazzo«, der das männliche Geschlechtsorgan bezeichnet, allerdings nicht auf medizinische Art, hört man ständig. »Che cazzo voi?« – »Was zum ... willst Du« oder »Che cazzo fai« – »Was zum ... machst du da?«, aber wenn ich einmal »Himmel Sakrament« sage, muss ich in der Hölle schmoren. Sogar Moderatoren im Fernsehen oder der ehemalige Bunga-Bunga-Präsident Berlusconi sprechen in der Öffentlichkeit unumwunden von »Cazzos« und »Stronzos«. Und kaum jemand regt sich darüber auf. Stellen Sie sich mal bitte vor, was bei uns los wäre, wenn die Bundeskanzlerin ihre Koalitionspartner als »Pimmel« bezeichnen würde.

Meine Kinder sind, was die feinen semantischen Unterschiede in der italienischen Umgangssprache angeht, von mir umfassend aufgeklärt worden und untersagen sich Kraftausdrücke jeglicher Art. Selbst Begriffe wie »Dummkopf« oder »Schlimmer Finger« habe ich noch nie aus den Mündern meiner kleinen Engel gehört. In ihrem Umfeld wird so einfach nicht gesprochen. Auch in der Schule wird so etwas grundsätzlich nicht gesagt. Was soll das auch für eine Schule sei, in der die Kinder schlimme Wörter benutzen – sicherlich keine, auf die ich unseren kleinen Lord und unsere kleine Lady schicken würde.

Ich wüsste deshalb auch nicht, wo sie diese schlimmen Sachen aufschnappen sollten. Ich würde ja auch selbst nie so etwas sagen, also fast nie, oder nur, wenn ich wirklich sehr, sehr erbost wäre, aber das kommt ja so gut wie nie vor. Schließlich will ich doch in den Himmel, verfluchte Scheiße noch mal.

»ANDIAMO AL CORSO?«

Jugendliche in Deutschland haben verschiedene Treffpunkte. Bolzplätze, Schulhöfe, Clubs, Schnellrestaurants oder Parks. Dort trifft man sich, führt seine neuen Sneakers vor und quatscht mit gleichaltrigen Jugendlichen über die Schule.

In Italien gibt es dafür den Corso. Der Corso ist meistens eine befahrene Straße, die jedoch abends für den Verkehr gesperrt wird. Sie liegt in der Regel sehr zentral, also dort, wo die Geschäfte sind, die Eisdielen und Stehpizzerien. Wenn ich bei meinen Cousinen und Cousins in Termoli im Urlaub war, verabredeten wir uns, nachdem wir vom Strand kamen und mehrere Stunden zu Abend gegessen hatten, später noch auf dem Corso. Dazu machte man sich natürlich entsprechend zurecht, zog sich was Anständiges an und versuchte mit allen Mitteln, das Beste aus seinem Typ zu machen. In eine gigantische Duftwolke gehüllt, latschten wir dann in einem größeren Pulk in die Stadt zum Corso. Dort angekommen, konnte man eigentlich nicht mehr viel unternehmen. Wenn man in der Stadt nicht zu Hause war, kannte man die verschiedenen Cliquen nicht, die sich in fest zugeteilten Ecken zusammenrotteten, und wanderte stattdessen einfach immer den Corso rauf und runter. Man schaute sich die Auslagen der Geschäfte an, kaufte vielleicht ein Eis, ging dann wieder den Corso rauf und dann auch wieder runter. Dieses Spiel wiederholte sich jeden Abend. Und nicht nur bei uns Jungen. Alle spielten mit. Denn Italiener unterhalten sich nun mal gerne, das ist hinlänglich bekannt. Und weil sich das soziale Leben dort fast immer im Freien abspielt, suchen sich unsere europäischen Nachbarn Plätze oder Möglichkeiten, sich unverbindlich zu sehen. Der Corso ist also für Erwachsene die ideale Möglichkeit, die neue Prada-Tasche vorzuführen, sich die Beine zu vertreten, zu hören, wie es Giuseppe geht, der ja einige Wochen im Norden war, oder nachzufragen, was bei der Beerdigung von Luigi passiert ist, weil sich die Töchter dort gestritten haben sollen. Also rüscht sich die gesamte Familie auf und macht einen Spaziergang in die Stadt.

Es ist also mitnichten so, dass diese Flaniermeile nur Jugendlichen vorbehalten wäre. Familien mit Kindern, Rentner und Touristen sind ebenfalls anzutreffen und haben dort außer Plaudern ähnlich wenig zu tun. Alle laufen auf und ab, stundenlang. Den erweiterten Sinn dieser eigentümlichen Gruppendynamik habe ich erst richtig verstanden, als ich in ein bestimmtes Alter kam. Irgendwann nämlich ging ich wieder mal am Arm meiner Cousine Samanta den Spazierpfad in Termoli entlang, als ich einen anerkennenden Pfiff hörte. Kurz gefolgt von einer laut geäußerten Aufmerksamkeit, mein helles Haupthaar betreffend. Ich begriff. So läuft das also. Die Hasen stolzieren den Jägern vor der Nase herum, und die Antonios und Tizianos müssen nur noch schießen.

Diese unverhohlene Art der Italiener, Mädchen anzusprechen, war ich nicht gewohnt, fand sie mit der Zeit aber ungemein praktisch. In Deutschland starb man eher an Einsamkeit, als dass sich einer der Jungs zu sagen traute, dass er einen mochte. Und wenn es mal geschah, dann auch nur über irgendwelche halb durchlässigen Kanäle, wie etwa einer Freundin, die von einem pickeligen Mitschüler infiltriert wurde und vorsichtig weitergab, dass der Stefan einen gut fand und was man selber von ihm hielt. War dieses Flüsterpost-Spielchen dann erfolgreich, schlich der Typ wochenlang um einen herum, bis er mal in die Hufe kam und fragte, ob man eventuell nächste Woche ein Eis mit ihm essen gehen wollte. Umständlicher ging es eigentlich nicht. Gähn.

Italienische Jugendliche gehen nach dem Prinzip vor, 30 Mädchen innerhalb von einer Stunde anzuquatschen. Wenn auch nur zehn Prozent reagieren (und das bedeutet nicht, dass sie positiv reagieren), ist das immer noch besser, als wenn man nur alle drei Monate mal eines anspricht. Die Jungs sind mutiger und rechnen deshalb auch eher mit einer Abfuhr, und die Mädchen trauen sich auch eher, einen kurz und schmerzlos abblitzen zu lassen, denn der Nächste kommt bestimmt. Sie nehmen das sportlich. Als es noch keine Mobiltelefone gab, waren solche Stadtplätze noch wichtiger für das Sozialleben unter den Jugendlichen. Denn es ist in Italien nicht üblich, dass sich Jugendliche gegenseitig zu Hause besuchen und stundenlang im Zimmer abhängen. Italienische Kids treffen sich immer irgendwo draußen. An der Piazza, am Corso, an der kleinen Bar am Ortseingang oder an der Treppe unter der Kirche. Dort macht man im Prinzip auch nichts anderes als rumzuhängen, aber man hängt immerhin an der frischen Luft rum. Diese ganz andere Ausgehweise hängt sicherlich auch mit den unterschiedlichen klimatischen Bedingungen zusammen. Würden sich unsere deutschen Jugendlichen immer unter freiem Himmel treffen, wären sie nach kurzer Zeit krank oder erfroren.

In großen Metropolen wie Rom, gibt es selbstverständlich auch einen Corso, aber zusätzlich unzählige andere Versammlungsorte wie die Piazza Navona, die Spanische Treppe oder andere Plätze, die den Corso ergänzen. Die Großstädte sind so weitläufig, dass sich diese Treffpunkte für Jugendliche und Familien über die ganze Stadt verteilen. Der Corso gilt deswegen eigentlich nur in kleineren Städten als Mittelpunkt eines »sozialen Miteinander«, das immer auch der sozialen Kontrolle dient. Denn natürlich geben alle acht, dass die Kleine von Massimo auch brav bei ihrer Orangina bleibt und sich nicht in den Brunnen stürzt.

Wenn die Sonne dann wieder aufgeht, werden die Absperrungen für die Autos zur Seite geschoben, und der Corso ist wieder das, was er tagsüber immer ist, nämlich eine Straße, die zum Supermarkt oder zur Reinigung führt. Aber nur so lange, bis die Sonne wieder untergeht.

»TANTI AUGURI A TE, TANTI AUGURI A TE«

Geburtstag zu haben, ist eine schöne Sache. Einen Geburtstag zu organisieren, nicht immer.

Wenn die Kinder noch sehr klein sind, bleibt die eigentliche Feier auch klein. Ein Säugling weiß im Prinzip noch gar nicht, dass er ein Jahr älter wird, es ist ihm also völlig gleichgültig, wie viele Gäste kommen und ob auf dem Kuchen Kerzen oder Smarties sind. Das ändert sich allerdings schlagartig, sobald die Kleinen Zeitgefühl entwickeln und einen Sinn dafür haben, was Geschenke bedeuten und wie schön es ist, einen Schokokuss an die Wand zu klatschen.

In meiner Kindheit bedeutete Kindergeburtstag immer, dass die Familie zusammenkam und feierte. Mit Kuchen und einem schönen Essen. Manchmal gingen wir dazu in ein Restaurant, manchmal kochte meine Mutter. Es war schön, Geburtstag zu haben, weil man als Einziger ein Geschenk bekam. Nicht wie an Weihnachten, wo alle bunte Päckchen auf dem Schoß hatten.

Auch die Kindergeburtstage in Italien waren immer Familienfeiern. Es kamen Tanten und Onkel zusammen, es wurden kleine Törtchen, Kuchen oder Profiterols aus einer Pasticceria, also einer Konditorei, mitgebracht oder selber angefertigt. Man saß zusammen und hatte

Spaß. Eingeladen wurde niemand. Es war klar, dass wenn Samanta ihren Ehrentag hatte, man vorbeischaute und etwas mitbrachte.

In Deutschland heißen Kindergeburtstage so, weil man haufenweise Kinder einladen muss. Und die werden dann über mehrere Stunden animiert und verpflegt. Und das ist nicht immer einfach. Das geht schon bei den verschiedenen Krankheiten oder Unverträglichkeiten der Kinder los. Denn eines hat eine Allergie gegen Haselnüsse, eines Zöliakie, dann ist sicher auch immer eines mit einer Laktose-Unverträglichkeit dabei, und wenn man Glück hat, kommen noch ein paar besonders lustige Eltern auf die Idee, einem bei der Abgabe des Geburtstagsgastes mitzuteilen, dass ihr Kind bitte keine Süßigkeiten essen soll, das sei nicht so gut für die Zähne!?

Wenn man als gute Gastgebermutter dann die Liste mit den Medikamenten oder Notfallnummern entgegengenommen hat, kann die Party losgehen. Denn jetzt wird größeres Entertainment erwartet. Die kleinen Partygäste sind oft schon einiges gewohnt, und um den sozialen Abstieg zu verhindern, stressen sich viele Eltern mit einem Programm, das jedem Club Méditerranée Ehre machen würde.

Ohne Motto geht schon mal gar nichts. Beim Motto »Pirat« oder »Meerjungfrau« werden die Kinder entsprechend verkleidet und selbstverständlich die Tischdekoration angepasst. Auch die Mütter haben kein Problem, sich als Nixe oder Piratenbraut zu kostümieren. Auch bei minus zehn Grad im November.

Dann kommt das Entertainmentprogramm, das sorgfältig vorbereitet sein muss. Es werden Spiele und Wettbewerbe ersonnen, bei denen die Kinder mal in Gruppen, mal alleine antreten müssen. Wie im richtigen Leben gibt es dabei Gewinner und Verlierer. Die Gewinner dürfen sich, nachdem sie die anderen Kinder gedemütigt haben, aus einer reichlich gefüllten Schüssel eine Süßigkeit aussuchen. Manche Eltern basteln auch kleine Tütchen mit Leckereien und kleinen Geschenken, die die Gäste dann mit nach Hause nehmen dürfen. Oft wird dabei mehr aus dem Haus abtransportiert, als zuvor in Form eines Geschenks hineingetragen wurde, sodass es ratsam ist, bei der Abholung einen großräumigen Geländewagen parat zu haben.

Wenn man den Kindern aber etwas Anständiges bieten will, muss man ganz andere Geschütze auffahren. Ich habe unsere Tochter schon in Gärten abgesetzt, in denen Ponys warteten, um die Kinder stundenlang im Kreis herumzutragen. Ich sah schon Karussells und riesige Hüpfburgen, die ich sonst bei Neueröffnungen großer Möbelhäuser verortet hatte. Auch Clowns, Zauberer und professionelle Geschichtenerzähler haben meine Kinder bereits erleben dürfen.

Auch die Auswahl der Geschenke wird heute nicht mehr dem Zufall überlassen. In Italien wird von der Verwandtschaft meistens ein schönes Spielzeug erworben und hübsch verpackt überreicht. Das ist bei uns total überholt und wurde längst professionalisiert: Die Eltern bestellen beim ansässigen Spielzeugladen, ähnlich wie bei Hochzeiten die sogenannten Hochzeitstische, einen Geburtstagstisch. Eigentlich sind es Geburtstagskisten, die, mit den Namen der Kinder versehen, die verschiedenen Geschenke enthalten, die von den Gastgeber-Eltern im Vorfeld bereits ausgesucht wurden und von den Eltern der Gästekinder nur noch bezahlt und eingepackt werden müssen. So machen die Läden ein Supergeschäft, denn die Kunden haben eine begrenzte Auswahl, die bereits vor ihnen in der Kiste liegt, laufen nicht stundenlang suchend zwischen den Gängen herum, kaufen trotzdem garantiert etwas und beanspruchen keine Beratung. Die Eltern wiederum, die eine solche Kiste vorbereitet haben, wissen, dass ihr Kind pädagogisch wertvolle Präsente oder zumindest das, was es gut gebrauchen kann, bekommt. Diese Kisten können manche Familien auf eine harte Probe stellen, wenn die Kinder zum Beispiel einen unterschiedlichen sozialen oder finanziellen Hintergrund haben. Dann liegen in den Kisten auch schon mal Legobausätze, die man aus monetären Gründen nicht einmal den eigenen Kindern zum Geburtstag schenken würde. Oder die günstigeren Geschenke sind schon weg, und man bleibt auf den entweder hässlichen oder zu teuren Resten sitzen.

Die Auspackphase während der Geburtstagsfeier unterliegt natürlich auch einem festen Regelwerk. Die Schenker sollen das Urteil, ob das Präsent genehm war, sofort bekommen. Also müssen sich alle Kinder um das Gastgeberkind versammeln, und die Geschenke werden sofort und vor aller Augen aus der Papierhülle befreit und bewertet.

Ich habe von einem Jungen gehört, der völlig arglos ein Geschenk überreichte, das wie vorher beschrieben eines der letzten aus der vorbereiteten Kiste war. Weil es dem Jubilar aber nicht so gut gefiel, wurde er den ganzen Nachmittag lang missmutig beäugt. Was der Schenker nicht wusste, war, dass diese Geburtstagskiste unter einem schlechten Stern stand, weil die Geburtstagsmutter die Geschenke ohne den Sohn ausgesucht hatte und unter anderem ein pädagogisch wertvolles Mathelernspiel gewählt hatte. Mathe war aber das Hassfach des Jungen. Dass er nun von einem Freund ein Spiel bekam, mit dem er in seiner Freizeit rechnen sollte, wo er doch den gleichen bescheuerten Mathelehrer hatte wie der Schenker, irritierte ihn sehr.

Anfängerfehler, mag sich da der eine oder andere Leser denken. Solche Pannen kommen natürlich nicht vor, wenn die Geburtstagssause professionell von einer Agentur betreut wird. Da ist bereits die Einladung Teil des Paketes, das die Eltern buchen. Natürlich wird sie rechtzeitig »rausgeschickt«, und die Gästelisten werden von der Agentur kontrolliert. Da wird im Zweifelsfall auch freundlich »nachgehakt«, denn die Gästeplätze sind begehrt, und wenn jemand tatsächlich verhindert sein sollte, kann ja ein Kind von der Warteliste nachrücken. Die Geschenke werden natürlich ebenfalls mit der Agentur besprochen, damit keine peinlichen Malheurs auftreten und den sorgsam geplanten Ablauf stören. Die eigentliche Party ist generalstabsmäßig vorbereitet und hat einen Zeitplan wie ein Kongress von Herzchirurgen.

Einlass, Begrüßung und erstes »get together« am Kuchenbuffet. Danach moderiertes Geschenkespiel und der Beginn der eigentlichen Party. Es gibt eine Variante, bei der die lieben Kleinen eine Airportparty feiern oder eine Mottoparty Südsee buchen können – mit extra weichem Spielsand, der nur dafür in einem kleinen Laster angekarrt wird. Verschiedene entzückende Betreuerinnen in knappem Bikini und Tunika stehen dabei zur Verfügung und üben mit den Kindern, wie man Cocktails mischt, natürlich ohne Alkohol. Danach wird getanzt, Limbo!, und am Ende darf man in den bereitstehenden Liegestühlen den Abend bei einem Sundowner – natürlich ohne Alkohol – ausklingen lassen. Das abschließende Buffet mit dem Motto »Meeresfrüchte und Barbecue« rundet den Geburtstag erst richtig ab.

Und wenn die Kinder dann stumm vor Glück im Auto sitzen, überlegen sich die Eltern, wie um Himmels willen sie einen solchen Geburtstag, oder sollte man besser sagen »Top Event«, noch übertreffen sollen?

Als unsere Tochter sechs Jahre alt wurde, haben wir, wie von ihr gewünscht, Kinderspiele gespielt. Topf schlagen, Watte pusten und Schokolade essen. (Für Nichteingeweihte: Beim »Schokolade essen« wird eine Tafel Schokolade in mehrere Lagen Papier eingepackt und verschnürt wie Houdini. Dann wird reihum gewürfelt, und wer eine Sechs würfelt, darf versuchen, etwas davon zu essen, bis das nächste Kind eine Sechs würfelt.)

Zurück zu unserem Geburtstag: Mein Mann und ich gaben ein Kasperletheaterstück über ein entflohenes Krokodil zum Besten, in dem Kasperle die Stadt vor dem bösen Reptil retten sollte. Wir hatten für unsere Darbietung nur drei Puppen zur Verfügung, daher war das Stück zugegebenermaßen nicht besonders lang, hatte sicherlich dramaturgische Schwächen, und einige der Kinder standen immer wieder auf, um hinter den Vorhang zu schauen. Aber unsere Tochter war hellauf begeistert und stellte uns in Aussicht, für das nächste Jahr eine Prinzessin zu basteln, damit die Geschichte ein bisschen mehr Glamour bekäme.

»NATÜRLICH DARFST DU DEN WEIN PROBIEREN«

Ich war etwa 14 Jahre alt, als meine Freunde mir ein frisch gezapftes Bier hinstellten und fragten, ob ich das denn nicht mal trinken wolle. Ich setzte begeistert das Glas an den Mund und trank. Mit Bestürzung musste ich jedoch sofort feststellen, dass mir Bier und Alkohol im weitesten Sinne überhaupt nicht schmeckt. Im Gegenteil. Ich war geradezu entsetzt von seinem bitteren und sogar scharfen Geschmack. Ohne je damit angefangen zu haben, beendete ich damals sofort meine Karriere als Alkoholikerin.

Partys empfanden meine Eltern dadurch nicht als Bedrohung, und da sie wussten, dass ich nie trinke, sparten sie sich ernsthafte Aufklärungsgespräche am Esstisch, in denen sie mir mitteilten, wie gefährlich es sei, in angetütertem Zustand ein Automobil zu lenken.

Meine Freunde waren sehr angetan von der Tatsache, dass ich mich als allzeit fahrbereit und dennoch uneingeschränkt partytauglich herausstellte. Dass meine Freunde und Freundinnen tranken, teilweise auch mehr, als für sie gut war, hat mich nie gestört. Bis heute nicht.

Dass Alkohol keine große Rolle in meinem Leben spielt und spielte, hat auch damit zu tun, dass Wein oder Bier in meiner italienischen Familie kein großes Thema ist. Zum

Mittagessen trinken meine Verwandten immer Wasser oder ein kleines Glas Wein, und ich habe niemanden aus meiner italienischen Familie je betrunken erlebt. Auch meine Cousinen und Cousins waren harmlose Partygänger, die den ganzen Abend tanzten oder sich unterhielten. Wein gilt gemeinhin nicht als großes Feiergetränk unter Jugendlichen, und weil das italienische Bier, wie ich gehört habe, nicht wirklich gut ist, wird halt wenig davon getrunken. Außerdem wäre es bei meinen Tanten ohnehin keine so gute Idee, hochgradig bezecht nach Hause zu torkeln. Die Mädchen dürften so etwas sowieso nicht, das gehört sich nicht für eine »piccola Signorina«. Dieser etwas altbackene Ausdruck des »jungen Fräuleins« hat in Italien noch Bestand. Junge Damen haben sich auch wie solche zu benehmen. Und die jungen Männer haben auf die jungen Damen achtzugeben. Können Sie sich vorstellen, was da los gewesen wäre, hätte mein Cousin Marco seine kleine Schwester blau wie ein Veilchen nach Hause gebracht? Ich verrate es Ihnen. Denken Sie an Atompilze und die Kanonen von Navarone plus explodierende Tanklaster und an einen herabstürzenden Kometen von der Größe Bayerns – dann nähern Sie sich ungefähr dem Ausmaß des Ärgers, den ein solches Fehlverhalten ausgelöst hätte. Die ordentliche Sause, die jedem Jugendlichen in Deutschland von Erwachsenen zugestanden wird, ist in Italien einfach nicht üblich.

Der Genuss von Alkohol hat in Deutschland Tradition, schließlich werden hier die meisten und angeblich besten Biere der Welt gebraut, wenn man mal das Bier aus Tschechien ausnimmt. Hier gehört der Rausch dazu. Kein Vater, der selber gerne mal ein »schönes Bier« trinkt, hat ein Problem damit, wenn die eigenen Kinder im Teenageralter am Wochenende mal angetrunken nach Hause kommen. Deutsche Väter lehnen sich dann entspannt zurück und erinnern sich versonnen an diese eine Party 1986, in deren Verlauf ihnen beim Übergeben ihre Brille in einen Eimer gefallen ist und wie sie diese dann rausfischen und säubern mussten. Hach, war das schön.

Als ich 1992 in Rom lebte, wurde ich mit meinen Freundinnen zu einer großen Fete in ein Strandhaus in Ostia eingeladen. Wir feierten bis in die frühen Morgenstunden mit circa 80 unglaublich gut gelaunten Italienern. Durch ihren sehr moderaten Alkoholkonsum halten diese Feierbiester nämlich unheimlich lange durch.

Auch statistisch betrachtet sind Italiener keine großen Trinker. Italien ist in der Liste der 20 europäischen Länder mit dem höchsten Alkoholkonsum nicht einmal enthalten. Ganz im Gegensatz zu Deutschland.

Die Erklärung für dieses Phänomen liegt meiner Erfahrung nach darin, dass Italiener gerne einen guten Eindruck machen wollen. Wer schon einmal Zeuge davon geworden ist, wie völlig besoffene Männer mit einem großen Urinfleck auf der Hose taumelnd im Stehen kotzen, weiß, dass sich das nur mit viel Phantasie mit den Regeln der »bella figura« vereinbaren lässt.

Natürlich sind die Italiener keine Kostverächter, aber ein gutes Glas Wein zu einer feinen Pasta hat eben nichts mit einem Besäufnis zu tun.

Wie man an den bereits beschriebenen Beispielen italienischer Erziehungskonzepte sieht, sind Kinder und Jugendliche dort im Vergleich zu gleichaltrigen Deutschen besser behütet. Sie besitzen innerhalb der Kleinstadt- oder Dorfstruktur zwar mehr Freiheiten, sind aber stets in engem Kontakt zur Familie. Deutsche Eltern hingegen arbeiten hart daran, dass ihre Kinder möglichst schnell selbstständig werden. Alle Leistungen, die das befördern, werden von deutschen Eltern mit kleinen Auszeichnungen versehen. Die Kinder werden belohnt, wenn sie alleine essen, alleine laufen, aufs Klo gehen oder Fahrrad fahren können. Italienische Kinder hingegen sollen ruhig alles in ihrer eigenen Geschwindigkeit machen, weil sie so länger abhängig sind und ihre Eltern bis ins Erwachsenenalter brauchen – und diese Eltern sich gebraucht fühlen.

Ein Vorteil davon ist, dass sich so beide Parteien sehr darum bemühen, dieses besonders enge Verhältnis so angenehm wie möglich zu gestalten. Die Kinder folgen dem Rat der Eltern sehr lange – und im Gegenzug können sie ein Leben lang auf die Unterstützung ihrer Familie bauen.

Der Nachteil hingegen sind Sätze wie diese: »Piccola, iste kalt, schaue mal, häng i Dir jetzt diese Schal um, sonst wirste du dich erkalten.« – »Papa, draußen hat es 15 Grad, und die Sonne scheint, und ich bin 42 Jahre alt.« – »Ja, aber die Winde hier kanne tuckisch sein, du lasste die Schale jetzt an.«

Man wird halt ein Leben lang behandelt wie eine Elfjährige.

Deutsche Eltern lassen einfach früher los. Der erwachsene Sohn einer Freundin berichtete, dass es unter seinen Kommilitonen viele gäbe, die sich wochenlang nicht bei ihren Eltern melden. Diese betrachten das aber nicht als Zeichen eines Zerwürfnisses, sondern freuen sich, dass die Kinder anscheinend gut zurechtkommen.

Ich sage Ihnen eins: Wenn meine Kinder ausgezogen sind und es wagen sollten, sich länger als eine Woche nicht zu melden, werde ich zum Atompilz, zu den Kanonen von Navarone, zu einem explodierenden Tanklaster und zu einem herabstürzenden Kometen von der Größe Bayerns.

»WOHIN WOLLEN SIE MIT MEINER TOCHTER?«

Apropos gut behütet. Das sind die italienischen Mädchen durchweg. Die Väter wachen eifersüchtig darüber. Wenn ich überlege, wie mein Vater sich angestellt hat, als ich mit den ersten Jungs ausgegangen bin, und wie typisch sein Verhalten war, müssten die Italiener eigentlich längst ausgestorben sein. Dass ich überhaupt einen Mann abbekommen habe, liegt wahrscheinlich nur daran, dass deutsche Jungs echt hartnäckig sein können.

Als junges Mädchen passte mein großer Bruder immer auf mich auf. Nicht in dem Sinne, dass er interessierten Kerlen mit dem Messer ein Stück vom linken Ohr abgeschnitten und es den Eltern samt der Nachricht, die Finger von mir zu lassen, nach Hause geschickt hätte, sondern eher in der Weise, dass er einfach immer in meiner Nähe war und ich auf ihn zurückgreifen konnte, wenn ich mal in Schwierigkeiten geriet. Er hat mich von Partys abgeholt und sich die Jungs angeschaut, die mit mir »um die Häuser« ziehen wollten – sehr lange, sehr italienisch und sehr gründlich – ich denke, das hat gereicht.

Die Frage, ob meine italienische Familie eigentlich in der Mafia sei, wurde mir daher sehr häufig gestellt. Das lag aber wahrscheinlich nicht nur an meinem Bruder, der in seinem zivilen Leben, wenn er nicht gerade den Rächer mimte, sehr freundlich aussieht, sondern hauptsächlich am ambivalenten Verhalten meines Vaters. Wenn ich von einem Verehrer abgeholt wurde und der »Freund« im Flur stand, passierte nämlich immer das Gleiche.

Wenn ich noch schnell etwas holen wollte und den Armen kurz mit meinem Babbo allein ließ, war die Beziehung danach entweder vorbei – oder zumindest kurz danach. Ich ging deshalb dazu über, meine Schulkameraden nicht mehr hereinzubitten. Zumindest nicht in der ersten, noch sensiblen Phase meiner Freundschaft.

Um meinen Vater »zu überwinden«, brauchten die Jungs viel Mut. Oder die Liebe musste so groß sein, dass nicht einmal mein Babbo etwas verderben konnte.

Wenn er sie dann aber eines Tages doch noch zu fassen kriegte, mussten sie ihm »wichtige Fragen« beantworten:

»Magste du Fußball, aha, welche Verein, soso, unte wo wollte ihr eute Abente inne? Warste du schon in Italien? Nur indi Spanien? Oke, das iste naturalmente eine Probleme. Aber wer Dante Alighieri iste, weißte du? Die gottliche Commedia? Dorothea bringe die junge Mann mal eine Stuhle.«

Da mein Babbo seine Fragestrategie immer änderte, konnte ich meine Freunde nie ordentlich auf dieses »Wer wird Millionär«-artige Vorspiel vorbereiten. Aber: Sie brachten mich immer rechtzeitig und stocknüchtern nach Hause.

In Italien wurde die Kontaktanbahnung von meinen Cousins und meinem Bruder natürlich noch ein bisschen stärker beaufsichtigt als in Deutschland – weil die italienischen Jungs, wie bereits beschrieben, nach dem Gießkannenprinzip flirten und nicht so verstockt sind wie die Rüdigers und Stefans daheim. Das mit der verschärften Überwachung in Italien hat übrigens super geklappt: Meinen ersten Kuss bekam ich von einem Italiener, Tiziano, am Strand von Termoli. Gott sei Dank ist das überhaupt nicht klischeehaft.

Meine Cousinen sagen, es gäbe auch in Italien schüchterne Männer, aber nicht viele. Die meisten sind vom Erfolg ihrer Mission so überzeugt, dass einiges dazu gehört, ihnen klarzumachen, dass man kein Interesse hat.

Italienische Frauen gehen heute übrigens genauso häufig unberührt in die Ehe wie Deutsche, nämlich gar nicht. Wenn jetzt aber der große Bruder oder Cousin immer in der Nähe ist und etwaigen Kavalieren auflauert wie Pluto Ahörnchen und Bhörnchen, wie soll es dann zum Äußersten kommen? Ganz einfach. Die Kinder halten zusammen. Ein geistig normaler italienischer Bruder verpfeift seine Schwester nicht. Und wenn es keinen älteren Bruder gibt, heißt es erst recht: »Gelegenheit macht Liebe.«

Die Eltern eines hübschen italienischen zwanzigjährigen Mädchens wissen natürlich, dass da etwas zwischen Roberto und ihrer Tochter läuft, ignorieren es aber geflissentlich. Es wird nicht darüber gesprochen. Diskussionen, wie deutsche Mütter sie mit ihren Töchtern über Verhütung und Schwangerschaften führen, kann es nicht geben, weil die Mütter offiziell gar nicht wissen, dass ihre Töchter eine Beratung bräuchten. Dies übernehmen dann Freundinnen und große Schwestern.

Deutsche Eltern sind da einfach entspannter. Die Mutter einer Bekannten hatte sich so an den festen Freund ihrer Tochter gewöhnt, dass sie nach Beendigung der Beziehung den Kontakt zu dem »Abgelegten« einfach aufrechterhielt.

Eine andere Bekannte von mir ging sogar so weit, ihre Tochter zu beschwören, nicht mit ihrem Freund »Schluss zu machen« und sich das »Ganze« noch einmal zu überlegen, weil sie den jungen Mann einfach so gerne hatte.

Italienische Kinder sind und bleiben Kinder, da können sie so alt sein, wie sie wollen. Und da Kinder keinen Sex haben, bleiben die Partner der Kinder bis zur Eheschließung draußen. Basta.

Eine norditalienische Freundin von mir mutmaßte einmal, der Umstand, dass man seinen Freund nicht zum Übernachten mit nach Hause bringt, könne auch als eine Art Respektsbezeugung gegenüber den Eltern verstanden werden. Überhaupt sei es in italienischen Familien eben so, dass nur den Eltern eine körperliche Beziehung zugesprochen wird, schließlich haben sie ja Kinder gezeugt, da sei es ja offensichtlich. Die Vorstellung, dass man zu Hause in der Küche steht und eine Pizza vorbereitet, während oben gerade die Tochter mit ihrem Freund schläft, fände sie zudem einfach seltsam.

Als ihre eigene Tochter den ersten Freund mit nach Hause brachte, besann sie sich auf ihre italienischen Wurzeln und versuchte, eine gute Gastgeberin zu sein. Also backte sie Kekse, brühte Tee auf und brachte ihn ihrer Tochter und ihrem Galan aufs Zimmer. Ab dem nächsten Wochenende, das er bei ihnen verbrachte, bat sie das verliebte Pärchen immer in die Küche, sie hätte dort extra Kastanien im Ofen gebacken. Kastanien zu schälen und zu essen, dauert. Man muss die kleinen Dinger mühsam einzeln aus der Schale befreien, heiß sind sie zudem, sodass man auch mal ein bisschen warten muss, wenn man sich nicht die Finger verbrennen will. Der Freund ihrer Tochter musste den ganzen Winter stundenlang in der Küche sitzen und Kastanien pulen. Bis heute weiß meine Freundin nicht, ob der arme Kerl Kastanien überhaupt mag. Er hat sie jedenfalls anstandslos gegessen. Wenn die Kastanien alle waren, konnte man die Kinder auch noch bitten, mit dem Hund einen Spaziergang zu machen.

Oder sie mussten beim Kneten des Pizzateigs helfen. Komischerweise gab es am Wochenende immer etwas Superwichtiges zu tun und ständig zu essen.

Die Tochter der Freundin ist jetzt solo. Vielleicht sind die Kastanien zu heiß gewesen.

Ich weiß schon, was ich mache, wenn meine Tochter mal Herrenbesuch erwartet. Ich lasse die beiden frische Walnüsse schälen, dann Trauben entkernen und häuten, danach müssen sie Tortellini von Hand formen und zuletzt Saubohnen aus der Schale befreien. Ich sage ihnen: Das hält kein Typ länger als zwei Wochenenden aus.

»MAMA BUTTA LA PASTA«

Als ich 1992 in Rom lebte, hatte ich noch kein Mobiltelefon. Aber alle Italiener hatten eins. Auch mehrere. Und diese Mobiltelefone wurden genutzt. Immer. Den ganzen Tag. Im Supermarkt stand einmal ein nett aussehender Mann hinter mir, der seiner Mutter genau beschrieb, was er gerade eingekauft hatte. Er erklärte, welche Früchte und welches Fleisch er warum besorgt hatte, welches Gemüse, listete alle Hygieneartikel auf – es war ein großer Wochenend-Einkauf, und ich war überglücklich, dass er nicht alle Bohnen einzeln aufzählte. Am Ende des Gesprächs bat er seine Mutter, die Nudeln sofort ins Wasser zu werfen, denn er sei in acht Minuten zu Hause. Ich überlegte, ihn zu fragen, ob seine Mutter Fusilli oder vielleicht doch frische Gnocchi kochte, denn dann müsse er sich beeilen. Die hätten eine kürzere Kochzeit. Aber er hörte nicht auf zu telefonieren.

Die Italiener hören nie auf zu telefonieren. Ich glaube manchmal, dass Mobiltelefone nur für die Italiener erfunden wurden. Und wenn ich nicht wüsste, dass der Erfinder des modernen Handys ein Amerikaner ist, würde ich schwören, dass es ein Italiener war. Italiener neigen dazu, jede alltägliche Verrichtung anderen mitzuteilen. Das führt dazu, dass erwachsene Frauen ihren Müttern,

Freundinnen oder Schwestern eine Art Live-Reportage ihres Alltags bieten: »Ciao Mama, ich habe gerade das Haus verlassen und werde jetzt ins Auto steigen, um zum Markt zu fahren und frische Pilze zu kaufen. Ich wollte heute ein schönes Risotto mit Pilzen machen. Danach wollte ich …«

Das geht den ganzen Tag so! Und wenn Sie jetzt glauben, dass das nur Frauen betrifft, werden Sie sich wundern. Alle Italiener lieben ihr »Telefonino« – ihr Telefönchen –, weil sie damit jederzeit und immer Kontakt zu allen Familienmitgliedern halten können.

Als ich mein erstes Handy in Händen hielt, war ich restlos begeistert. Ich konnte jetzt endlich immer und überall mit meinem Freund, meinen Freundinnen, meiner Familie und meinen Kollegen sprechen. Die ersten Handyrechnungen werde ich nie vergessen. Im Überschwang der Gefühle hatte ich vergessen, dass diese Gespräche kostenpflichtig sind. Auch ich ertappte mich schließlich dabei, wie ich in der Schlange des Supermarktes stehend mit meinem Freund sprach und ihm sagte, er könne jetzt mit dem Kochen loslegen, ich sei bald zu Hause. Die Vorstellung, gleich mehrere Telefone zu haben, empfand ich damals als übertrieben und eigenartig. Heute sehe ich das selbstverständlich anders.

Die Unsitte, nicht erreichbar zu sein, die sich manche Deutsche als eine Art Luxus gönnen, finde ich unpraktisch und lustfeindlich. Man muss auch deshalb ständig erreichbar sein, weil man nur dann auch selber jemanden erreichen kann, ist doch klar. Darum bekommen italienische Kinder am besten gleich nach der Geburt ein eigenes »Telefonino«. So können sie von ihren Eltern immer angerufen und überwacht werden und auch selber mitteilen, wenn ihnen etwas Interessantes widerfährt. Das erste eigene Mobiltelefon ist somit nichts wirklich Besonderes, da alle eins oder mehrere haben. Für deutsche Kinder ist ein eigenes Telefon wiederum etwas, das sie sich als großes Kind verdienen müssen. Sie sollten eine gewisse sittliche Reife haben oder einen weiten Schulweg mit öffentlichen Verkehrsmitteln, der sie dazu berechtigt, ein Telefon mit sich zu führen. Ansonsten gelten Handys als überflüssiger Schnickschnack, zumal man mit den Dingern heute meistens auch noch spielen kann. Es ist auch tatsächlich nicht so, dass deutsche Kinder ununterbrochen ihre Eltern anrufen würden. Die eigentlich sogar zuletzt.

Deutsche Kinder schicken sich, ihren Freunden und auch ihren Eltern immer eine SMS. Im Wort »kurz«, das in »Kurznachricht« versteckt ist, liegt der buchstäbliche Unterschied zwischen der Kommunikation deutscher und italienischer Handynutzer.

Deutsche Kinder eiern nicht lange rum. Wenn sie mit der Bahn in die Stadt fahren, schicken sie der Mama eine kurze Nachricht. »Bin da alles OK :-)« Wenn sie auf dem Rückweg sind, wird kurz und knapp darüber informiert, wo sie sich befinden und wann die Bahn ankommt. Deutsche Eltern rechnen sich dann selber aus, wann die Tochter oder der Sohn den heimischen Hausflur betreten.

Dass die Kinder immer erreichbar sind, ist natürlich ein großes Glück für ihre Eltern, vor allem für die italienischen. Durch das »Cellulare« wie es auch genannt wird, können Mama und Babbo ihre kleine Giulia auf dem kompletten Schulweg begleiten und live dabei sein, wenn sie das Schulgebäude betritt. Jeden Tag. Sie telefonieren auch während der Pause und auf dem Heimweg. Zu Hause wird dann nahtlos an die eben noch am Telefon angefangene Geschichte angeknüpft, und so entstehen auch keinerlei Lücken in den Berichten der Kinder. Alle sind über alles immer informiert und können auch immer mitreden.

Sie haben es wahrscheinlich schon durchschaut: Die Angewohnheit, den Eltern per Telefon das Gefühl zu geben, sie seien immer auf dem Laufenden mit dem, was ihre Kinder so machen, ist einfach eine moderne Weiterentwicklung des italienischen Familienlebens. Man könnte auch sagen: der Weg des geringsten Widerstandes, weil so keine offenen Fragen lauern, wenn die Söhne und Töchter wieder daheim sind.

Die kleinliche Marotte der Deutschen, ständig Dinge für sich zu behalten, ist den Italienern daher wesensfremd. Natürlich können sie Geheimnisse auch für sich behalten, aber darüber zu reden, macht definitiv mehr Spaß.

»Du bist Italienerin? Glaub ich nicht«

In Deutschland besitze ich eine spitzenmäßige Tarnung. Meine Aussprache ist unauffällig, ich habe blonde Haare und blaue Augen. Kein Mensch sieht und hört mir meine italienische Herkunft an. Ich möchte in meinem speziellen Fall aber noch Folgendes ergänzen: Ich sehe meiner italienischen Familie extrem ähnlich. Zwei Schwestern meines Vaters und einer seiner Brüder sind ebenfalls semmelblond und haben blaue oder grüne Augen. Meine Nonna, also die Mutter meines Vaters, ist eine Süditalienerin, die eigentlich aus Oslo stammen könnte. Blonde Locken krönten früher ihren Kopf, und sie hat die blauen Augen und den hellen Teint einer Skandinavierin. Mein Nonno, der aus Agira in Sizilien stammte, hatte zwar schwarze Haare, aber ebenfalls himmelblaue Augen.

Die Mutter einer Schulfreundin unserer Tochter sagte einmal leicht enttäuscht: »Deine Mutter sieht gar nicht aus wie eine Italienerin.« Darauf antwortete unsere Tochter nur lakonisch: »Dann müssen Sie sich mal mit ihr streiten.«

Die Metamorphose beginnt allerdings, sobald ich mit dem Auto die Landesgrenze nach Italien überquere. Dann fangen meine Hände, die sonst ruhig und brav an ihrem Platz liegen, sofort wild zu gestikulieren an. Dasselbe gilt, wenn ich in Deutschland Italiener kennenlerne. Sofort wird meine Stimme lauter, und die Gesten werden raumgreifender. Das ist auch meinen Kindern schon aufgefallen. In Italien ist ihre Mama Italienerin und in Deutschland Deutsche. Das klingt komplizierter, als es ist. Mein Vater hat ein ganz anderes Problem. Durch seine Migration im Alter von 21 Jahren wurde er heimatlos. In Deutschland ist er »der Ausländer, der Gastarbeiter«. In den Sechzigerjahren nannte man ihn sogar öfter mal »Spaghettifresser«. Und in Italien blieb er immer der, »der damals abgehauen« ist. Das führte dazu, dass er in seiner Wahlheimat Deutschland die Verdienste der Italiener immer in den höchsten Tönen lobt, die Kultur, das Essen, die Herzenswärme und das gute Wetter. Sobald er jedoch im Urlaub italienischen Boden betritt, lobt er die organisatorischen Glanzleistungen der Deutschen und deren hochtechnisierte Ingenieurskunst.

Heimatlos blieb er dennoch. Er fing an, seine genetisch bedingten Eigenheiten besonders zu fördern. Fuchtelte noch wilder mit den Händen als ein sizilianischer Obstverkäufer und erklärte und dozierte unermüdlich über die kulturhistorischen Verdienste der Römer. Wenn er schon in Deutschland lebte, dann sollte doch wenigstens jeder merken, dass er aus diesem wunderschönen Land jenseits der Alpen kam. Die süditalienischen Werte wurden immer hochgehalten, und soweit es ging, unternahm er keine Versuche, sich anzupassen, was unseren Alltag betraf. Gegessen wurde wie in seiner Heimat. Unser Familienleben war so, wie er es aus Campobasso kannte. Er hatte viele italienische Freunde, meistens Gastarbeiter, die wie er selbst aus dem Süden stammten. Er holte sich jede Woche den »Corriere della Sera« am Bahnhof der nächst größeren Stadt. Und er legte Wert darauf, dass eine anständige Pizza mit Mozzarella belegt wird und nicht, wie in den Siebziger- und Achtzigerjahren üblich, mit Gouda. Seine Frau und wir Kinder passten uns an.

Ich hatte aber nie das Identitätsproblem meines Babbos. Ich musste mich ja auch nicht in eine fremde Gesellschaft einfügen. Im Gegenteil, meine Lebensrealität war ganz einfach die eines Kindes, eines Mädchens, einer jungen Frau, einer erwachsenen Frau, die sich die Frage, ob sie Italienerin ist oder Deutsche, nie ernsthaft stellen musste. Ich bin immer ich oder das, was ich gerade sein möchte. Nur meine Umwelt schiebt mich oder mein Verhalten dann und wann in die Schublade mit den schwarz-rot-goldenen Streifen oder in die mit den grün-weiß-roten.

Für meine italienischen Verwandten jedoch sind meine Geschwister und ich immer die deutschen Cousinen und Cousins gewesen. Verständlich, denn wir kamen immer als Besucher nach Italien und wirkten auf sie nicht viel anders als die Touristen, die im Sommer über Rimini und andere Strandorte herfielen.

Und dennoch, selbst wenn es ein Widerspruch ist: Wenn ich nach Italien fahre, stellt sich bei mir mit dem Grenzübertritt sofort ein Heimatgefühl ein.

Vielleicht fühlte ich mich nie fremd, weil man als Kind eines Gastarbeiters sofort lernt, dass man sich anzupassen hat an die verschiedenen Sprachen, das unterschiedliche Klima, die unterschiedlichen Lebensgewohnheiten und an die unterschiedliche Art der Erziehung. Es konnte passieren, dass Verhaltensweisen, die in unserem Alltag in Deutschland undenkbar waren, von meinen Eltern in Italien plötzlich als völlig normal angesehen wurden. Vielleicht war es auch so, dass sich mein Vater von den Verhaltensweisen seiner Geschwister regelmäßig anstecken ließ. Während mein Bruder mich in Deutschland nicht besonders beaufsichtigen musste, wurde er in Italien immer angehalten, mir wie ein zweiter Schatten zu folgen, falls mir ein Jugendlicher mit einem Ölhaufen auf dem Kopf hinterherpfiff.

Eigenartigerweise ist mir diese automatische Anpassung an die lokalen Gepflogenheiten erst aufgefallen, als ich selbst Kinder hatte, denen ich die kulturellen Besonderheiten meiner zweiten Heimat Italien näherbringen wollte. Ich erkannte, wie sehr Italien meine Sicht aufs Leben geprägt hat und wie viel mehr Spaß Familie macht, wenn man die damit verbundene Vertrautheit einfach annimmt, statt ständig damit zu hadern.

Ich spiele gern mit meinen zwei Gesichtern – und richtig lustig wird es, wenn Italiener annehmen, ich würde sie nicht verstehen. Gerne wird dann mal über die Größe meines Hinterteils oder seine Form diskutiert, darüber spekuliert, wie alt ich wohl sei – und ich höre interessiert zu. Wenn die Männer sich dann einig sind und darüber verständigt haben, welche Note ich und mein Hinterteil bekämen, bringe ich mich freundlich und in akzentfreier Landessprache in die Diskussion ein und schlage vor, sie sollten doch bitte zu Hause noch mal in Ruhe darüber nachdenken, ob diese Note angemessen sei. Sie könnten dafür auch gerne das Hinterteil ihrer Frauen zum Vergleich hernehmen.

Vor allem Kellner treten sehr oft in dieses Fettnäpfchen, wenn sie sich in Verkennung der Lage gegenseitig zuraunen, der »dämlichen Schnalle und ihrem dusseligen Kerl« keinen Tisch geben zu wollen. Die sollen abziehen, es sei alles reserviert. Wenn ich dann in meinem höflichsten und schönsten Hochitalienisch sage, dass ich das sehr bedauerlich fände, aber gerne ein anderes Mal wiederkäme und meinen dusseligen Kerl natürlich mitbrächte, werden selbst die redseligsten Italiener stumm.

Mein Leben zwischen zwei Kulturen hat Spuren hinterlassen. Mehr, als ich manchmal zugeben will. Aber jetzt, wo ich eigene Kinder habe und selber entscheiden soll, was sie essen, wann sie schlafen und wie ich sie erziehe, merke ich, dass ich weder typisch deutsch noch typisch italienisch bin. Ich kann mir das Beste aus beiden Kulturen aussuchen und Familie einfach genießen – und das kann man auch ohne italienischen Vater lernen.

Obwohl der natürlich immer wieder behauptet, Italien sei das beste Land auf der Welt. Allein schon kulturhistorisch. Alles Wichtige, was es auf der Welt gäbe, hätten die Römer erfunden. Doch als ich ihn nach einer dieser sich ständig wiederholenden und ermüdenden Ausführungen einmal fragte, ob er nicht eines Tages wieder zurück nach Italien gehen wolle, rief er: »Bist du verruckt? Da ge i niemer hin zuruck.«

DANK

Ich danke meiner Lektorin Angela Gsell und Sabine Cramer vom Piper Verlag. Von ihnen stammt auch die Idee zu diesem Buch.

Un ringraziamento particulare al mio amico Alessandro Cioffi.

Grazie anche a Chiara e a Nazario, mio cugino migliore per il suo grande lavoro.

E anche a Lorella Selvi-Wendt per il suo aiuto.

Danke auch an Milla und Tim für eure Geduld und Unterstützung.

Der größte Dank aber gilt meinem Ehemann und Retter Jan.